FÜR DICH

Eschi Fiege

LOVE
kitchen

Mit Fotografien
von Vanessa Maas

Brandstätter

INHALT

Ein einfacher Gedanke
oder Liebe kommt von lieben S. 7

Vorspeisen
Falling in Love S. 11

Hauptspeisen
Being in Love & Willing to Stay
oder worauf es ankommt S. 65

Nachspeisen
Sweet Surrender
oder Happy Together S. 121

Kleine Geheimnisse S. 173

Drinks S. 193

Rezeptverzeichnis S. 216

EIN EINFACHER GEDANKE ODER LIEBE KOMMT VON LIEBEN

Ich möchte gern mehr Liebe in der Welt sehen. Liebe macht stark und gnädig, sie richtet uns innerlich auf, sie zeigt uns das Leben und die Menschen in einem stillen und freundlichen Licht. Wer liebt, lebt in einer schönen Welt.

Wenn ich einem wichtigen Teil meines Lebens möglichst liebevoll begegne, müsste sich die Gesamtsumme an Liebe in der Welt erhöhen, so mein einfacher Rückschluss. Wo könnte mir das besser gelingen als dort, wo ich Tag für Tag viel Zeit verbringe und mich um Dinge kümmere, die mir wichtig sind? In meiner Küche beim Kochen für Menschen, die ich liebe.

Es ist laut dort und heiß, es zischt und spritzt, brutzelt und blubbert, Messer, Hackebeile, Nudelhölzer, Pfannen so schwer wie Kleinwagen, Knethaken, rotierende Klingen und andere laute Maschinen sind im Einsatz, es klappert und wummert ohrenbetäubend, es ist hektisch und fettig und dennoch ist es der schönste Ort der Welt: Der Herd heizt die Luft auf, verschiedene Düfte steigen hoch, ich denke über das Leben, die Liebe und oft auch über die Menschen nach, für die ich koche.

Wenn sich Familie und Freunde dann am Tisch versammeln und sich, vom guten Essen und Wein beseelt, nicht nur miteinander, sondern mit allen anderen Menschen verbunden fühlen, ist das ein großes Glücksgefühl. Es gleicht jenem Gefühl, das wir empfinden, wenn wir gute Kunst, gutes Kino oder Theater sehen, gute Musik hören oder ein kluges Buch lesen. Dann zeigt sich für einen kurzen Moment, dass wir Menschen in der Lage sind, mehr Gutes, Kluges und Schönes in die Welt zu bringen. Dann ist das Leben hell, freundlich, tiefgründig, bedeutsam, angstfrei, von Liebe beseelt, ganz so, wie es immer sein sollte. Mehr Liebe ist entstanden.

Das Glück der Liebe ist flüchtig wie gutes Parfum, also sollten wir nicht aufhören, schöne Momente zu produzieren – wieder und wieder. Denn was ist das Leben und mit ihm die Liebe anderes als eine Aneinanderreihung solch kleiner Gesten und Momente?

Wenn Sie wissen, wie Ihr Mann seinen Kaffee mag, und schon lange vor ihm wissen, wann er einen braucht, wenn er im Gegenzug weiß, dass Sie unausstehlich werden, wenn Sie hungrig sind, und dafür sorgt, dass Sie rechtzeitig was zwischen die Zähne bekommen, wenn Ihr Kind Ihnen eine fröhliche Kleinigkeit auf den Tisch stellt, Apfelschnitze zum Beispiel, wenn Sie durch die halbe Stadt radeln, um Ihrem Schatz seinen Lieblingskuchen zu holen, obwohl die Zeit eigentlich zu knapp ist, wenn Sie füreinander kochen, den Tisch schön decken, Blumen kaufen, wenn eine Freundin Ihren Lieblingswein schon gekühlt mitbringt, damit Sie ihn gleich beim Kochen trinken können, wenn man einander Fehler verzeiht, sich bei schlechter Laune mal in Ruhe lässt und mit dem Hund geht, obwohl der andere dran ist, dann ist das Liebe. Mir ist eine Liebe, die von kleinen Gesten erfüllt ist wie eine Lade mit hübschem Krimskrams oder ein Glas voll bunter Bonbons tausendmal lieber als eine überdimensionale goldene (Anspruchs-)Schalenliebe, die leer auf meinem Küchentisch rumliegt. Wo sie im Übrigen überhaupt nicht hinpassen würde.

Es sind die kleinen, alltäglichen Dinge, die darüber entscheiden, ob unser Leben schön ist oder nicht. Es ist ja nicht nur eine Tasse Kaffee, eine Suppe, ein Stück Kuchen, ein Glas Wein oder eine kleine Gefälligkeit, es ist sichtbar gemachte Liebe. Und davon können wir nicht genug haben!

Alle Rezepte in diesem Buch bis auf ganz wenige Ausnahmen sind für zwei. Für zwei, die sich lieben oder mögen oder verliebt ineinander sind. Sie könnten sie natürlich auch für jemanden kochen, den Sie nicht ausstehen können, vielleicht wird es dann besser. Ich will nicht behaupten, dass sich die großen Probleme der Welt mit gemeinsamem Essen und Kochen lösen lassen, aber bei den kleineren könnte es klappen. Sie können sich schwer gleichzeitig für die Küche Ihres Nachbarn interessieren, gemeinsam mit ihm essen und ihm im nächsten Moment den Kopf abreißen. Wo sich zwei Gegner, Streithälse oder andere Kombattanten noch gemeinsam zum Essen an einen Tisch setzen, ist nicht alles verloren. Nennen Sie mich naiv, ich nehm's als Kompliment. Naivität ist eine Form der Unschuld. Sie bringt, wie die gute Küche, mehr Freundlichkeit ins Leben – und das ist gut so. Also nichts wie ran an die Töpfe und Pfannen. Lasst uns einander Freude bereiten – auf dem Teller, im Glas und im Leben!

**The really important
kind of freedom involves attention,
and awareness, and discipline, and effort,
and being able truly to care about other people
and to sacrifice for them, over and over,
in myriad petty little unsexy ways, every day.
That is real freedom.**

*Die wirklich wichtige Freiheit erfordert Aufmerksamkeit
und Offenheit und Disziplin und Mühe und die Empathie, andere Menschen
wirklich ernst zu nehmen und Opfer für sie zu bringen, wieder und wieder,
auf unendlich verschiedene Weisen, völlig unsexy, Tag für Tag.
Das ist wahre Freiheit.*

DAVID FOSTER WALLACE

David Foster Wallace: Das hier ist Wasser / This Is Water.
Aus dem amerikanischen Englisch von Ulrich Blumenbach.
Köln: Kiepenheuer & Witsch 2015, S. 33 / S. 60

VORSPEISEN

Falling in Love

———

Die Vorspeise ist für ein Menü, was die Verliebtheit für die Liebe. Ein Vorgeschmack auf das, was kommt. Wir zeigen uns einander von der allerbesten Seite. Alles ist leicht, aufregend, verspielt und herrlich frei. Davon sollten wir uns über den Rausch des aufregenden Anfangs hinaus (für den kommenden Alltag) ein wenig bewahren.

SAMTIGE STEINPILZE MIT LARDO

Für 2 Personen

**300–400 g eher größere Steinpilze
etwas Olivenöl
6–8 hauchdünne Scheiben Lardo
schwarzer Pfeffer aus der Mühle
Maldon-Salzflocken
Weißbrot**

Die Steinpilze putzen (bitte nicht waschen – die meisten Pilze sind wasserscheu –, sondern mit einem Bürstchen abputzen) und in feine Scheiben scheiden. In einer Pfanne ohne Olivenöl anbraten, bis sie Wasser lassen und quietschen. Weiterbraten, bis alle Flüssigkeit verkocht ist. Erst jetzt ein paar Spritzer Olivenöl in die Pfanne geben und die Pilze knusprig braten. Von der Hitze nehmen und den hauchdünnen Lardo auf die warmen Pilze legen. Und schwupps fängt er an zu schmelzen. Mit Pfeffer und optional mit Salzflocken bestreuen und schnell mit den Brotscheiben aus der Pfanne holen.

SOMMERSARDINEN MIT SÜSSEN ZWIEBELN & PINIENKERNEN

Für 2 Personen oder mehr

1 Schuss Weißwein (oder Küchenprosecco)
3–4 Zwiebeln
1–2 Knoblauchzehen
½ Bund Petersilie
1 Zitrone
2–3 filetierte Sardinen pro Person
2–3 EL Mehl
4–6 EL Olivenöl
2 EL Pinienkerne
Zitronenscheiben

Den Sommer 1986 verbrachten Freunde und ich in Südfrankreich, in einem wunderbaren alten Steinhaus. Zur gleichen Zeit verbrachte die kleine Cousine unseres Gastgebers mit ihrer Mutter dort die Sommerferien. Während ihrer täglichen Kurzbesuche, bei denen sie, summend in Gedanken vertieft, den Raum durchschritt, sich einen reifen Pfirsich aus der Obstschale fischte, lächelnd ihre Badetasche schulterte, über ihre gelockten braunen Haare strich, während sie auf ihren sonnengebräunten Füßen über die kühlen Steinplatten schwebte, verfielen wir in eine Art andächtige Starre. Die Raumtemperatur veränderte sich, der Herzschlag der Anwesenden beschleunigte sich, der Rest der Welt verschwamm in Bedeutungslosigkeit, die Geräusche verhallten. Es machte sich eine seltsame Mischung aus Nervosität, Aufregung, Melancholie und Seligkeit breit. Die Zeit stand still. Unsere Blicke waren festgezurrt an der Gestalt des Mädchens. Erst wenn es über die Treppen davonhüpfte, waren unsere Blicke wieder freigelassen, begleitet von melancholischen Seufzern. Ihre Schönheit hatte etwas Erhabenes. Vielleicht beflügelt Schönheit, die nichts von sich weiß, unsere Sehnsucht in besonderem Maße. Ich habe jedenfalls nie wieder einen schöneren Menschen gesehen.

Das folgende Gericht hat mit der Geschichte nur insofern etwas zu tun, als dass wir es in diesem Sommer oft gemeinsam zubereiteten.

Zuerst einmal nehmen alle, die mitkochen, zusammen einen Schluck vom gekühlten Küchenprosecco und stoßen auf die Rätsel der Schönheit an. Dann schneidet einer die Zwiebeln in feine Ringe. Jemand anderer schält den Knoblauch und schneidet ihn ebenfalls in feine Scheiben. Jemand muss ran an die Petersilie: zupfen und nicht allzu fein hacken. Zitrone halbieren. Eine Hälfte auspressen, die andere Hälfte noch mal halbieren und beiseite stellen.

Die wundschönen Sardinenfilets in Mehl wenden. Der erfahrenste Koch erhitzt in einer Pfanne 2–3 EL Olivenöl und brät die Sardinen darin von beiden Seiten etwa je 2 Minuten an, bis sie goldbraun glänzen. Herausnehmen.

Währenddessen gibt die Zwiebelfraktion die zweite Hälfte des Olivenöls in eine andere Pfanne und brät die Zwiebeln darin bei kleiner Hitze ganz, ganz langsam an. Gibt dann den Knoblauch dazu, brät 1–2 weitere Minuten und löscht mit einem Schluck Prosecco – spätestens jetzt kann sich die gesamte Küchenmannschaft selbst auch wieder einen kühlen Schluck gönnen – und brät beides weiter, bis der Prosecco verkocht ist. Dann noch weiterbraten, bis alles zusammen schön bräunt und betörend zwiebelsüß duftet. Der Petersilienverantwortliche hat sich in der Zwischenzeit um die Pinienkerne gekümmert und sie in einer weiteren Pfanne trocken angeröstet. Arbeitsteilig den Tisch decken, die Sardinen auf Tellern anrichten, mit Zitronensaft beträufeln und mit Zwiebeln bedecken. Petersilie und Pinienkerne darüberstreuen.

VORSPEISEN

SPARGELSUPPE MIT GEBRATENEM SPARGEL & PARMESANTALERN

Für 2 Personen

2 Bund weißer Spargel
2 kleine Zwiebeln
1 Knoblauchzehe
3 EL Olivenöl
2 Schuss Weißwein
Salz, schwarzer Pfeffer aus der Mühle, Cayennepfeffer
500–600 ml Gemüsesuppe
etwas Zitronensaft
2–4 EL Parmesan, frisch gerieben
1 Bund Kerbel, fein gehackt

Den Spargel großzügig schälen und die holzigen Enden abschneiden. Die Stangen in schräge Scheiben schneiden. Die Spitzen aufbewahren. Zwiebeln und Knoblauch schälen und fein hacken. 2 EL Öl in einem Topf erhitzen und zwei Drittel von Zwiebel und Knoblauch darin glasig dünsten. Dann die Spargelscheiben dazugeben und etwa 2 Minuten weiterrösten, bis sie gut angebraten sind. Mit einem Schuss Weißwein ablöschen und einkochen. Mit Salz, Pfeffer und Cayenne durchaus kräftig abschmecken. Dann mit Suppe aufgießen und etwa 20 Minuten bei kleiner Hitze zugedeckt sanft köcheln lassen, bis der Spargel weich ist. Die gute Suppe im Mixer pürieren, und wer es ganz samtig haben will, streicht sie auch noch durch ein feines Haarsieb. Mit ein paar Tropfen Zitronensaft abschmecken und warm halten.

Das restliche Öl in einer Pfanne erhitzen. Den Rest der Zwiebel-Knoblauch-Mischung darin anbraten. Die Spargelspitzen dazugeben, kräftig würzen, mit einem zweiten Schuss Weißwein ablöschen, den Deckel auflegen und die Spargelspitzen bissfest garen. Sie sollten ein wenig gebräunt sein und intensiv schmecken.

Den Parmesan als kleine Häufchen in eine zweite beschichtete Pfanne löffeln und flach drücken. Schmelzen lassen, bis der Käse Blasen wirft und bräunt. Sofort mit einem flachen Spatel vorsichtig aus der Pfanne nehmen. Auf Küchenpapier kurz fest werden lassen. Die Suppe mit Parmesantalern, viel Kerbel und den gebratenen Spargelspitzen servieren.

Die Blüte ist von der Kapuzinerkresse.

GOLDENE SUPPE MIT FRITTATEN

Natürlich nicht nur für 2 Personen
(Rest in kleinen Portionen einfrieren, um jederzeit gegen
alle Widrigkeiten des Lebens gewappnet zu sein)

2 Markknochen
1 kleines Bio-Suppenhuhn mit Innereien
2 Ochsenherz-Karotten
1 Stange Lauch
1 kleiner Kohlrabi
½ Knolle Sellerie
2 Petersilienwurzeln
1 kleiner Bund Petersilie
Salz
1 TL Pfefferkörner
2–3 Lorbeerblätter
2 Zweige Thymian
2 Nelken
½ daumengroßes Stück Ingwer, geschält

FÜR DIE FRITTATEN:
1 Ei
200 ml Milch
50 ml prickelndes Mineralwasser
100 g Mehl
Salz
etwas Butter zum Braten

Diese Suppe koche ich, wenn jemand von meinen Lieben schwächelt. Egal ob bei Weltschmerz, Liebeskummer, Erkältungen, wegen Traurigkeit oder auch mal nach einer durchfeierten oder durchstrittenen Nacht. Die goldene Suppe hilft und macht's wieder gut – versprochen. Wenn die Nacht besonders lustig und schlimm war, dann serviere ich die Suppe am Morgen danach in einer kleinen Tasse mit einem rohen Eigelb, einem kräftigen Schuss Wodka und einem kleineren Schuss Tabasco oder Chiliöl. Das vertreibt den dicksten Kater – fragen Sie meine liebe Freundin Auri.

———

Die Markknochen in kaltes Wasser einlegen – das zieht das Blut aus den Knochen *(das hört sich brutal an, ist aber so)* und etwa 1 Stunde beiseite stellen. Abseihen und abtupfen.

Das kleine Huhn, dessen Innereien (Magen und Herz)* und die Markknochen in einem großen Topf mit kaltem Wasser (ca. 1–2 l) bedecken und zum Kochen bringen. Aufsteigenden Schaum abschöpfen. Alle Gemüse putzen und schälen und in Stücke schneiden. Gemeinsam mit allen Gewürzzutaten in die Suppe geben. Salzen, einmal aufkochen lassen, dann die Hitze reduzieren, einen Deckel auflegen und ca. 2–3 Stunden leise köcheln lassen. Vom Herd nehmen und abkühlen lassen, am besten über Nacht, dann härtet das Fett an der Oberfläche aus und man kann etwa die Hälfte davon entfernen (aber keinesfalls alles, das Fett ist wichtig wegen der Kräftigkeit des Geschmacks).

Nun die Suppe nochmals aufwärmen und durch ein feines Küchentuch abseihen. Wer mag, kann nun das Fleisch vom Huhn fitzeln und dazu servieren, obwohl es inzwischen alle guten Geschmackskomponenten an die Suppe abgegeben hat, oder man gibt frisches, kurz blanchiertes Gemüse hinein.

Für die Frittaten Ei, Milch und Mineralwasser verquirlen, dann Mehl und Salz hinzufügen und zu einem flüssigen Teig verrühren. Etwa 20 Minuten ziehen lassen. In einer beschichteten Crêpe-Pfanne etwas Butter erhitzen und eine sehr dünne Palatschinke (einen dünnen Pfannkuchen) darin ausbacken. Mit dem restlichen Teig ebenso verfahren. Die Palatschinken aufrollen und in feine Streifen schneiden. Zusammen mit der Suppe servieren. Ich gebe gerne noch frischen Schnittlauch dazu.

*
Die Leber, die meist auch dabei ist, können Sie gleich in Butter braten, wenn Sie das mögen, und auf einem Stückchen Weißbrot mit einem Schlückchen Wein zusammen genießen. Oder Sie geben sie Ihren Katzen – so mache ich das.

ABSURDE INTERVENTION.
BLÜTENOMELETT MIT TOMATEN, GRÜNEM CHILI & FRÜHLINGSZWIEBEL

Für 1 Person

2 grüne Chilis oder mehr

1 Frühlingszwiebel

2 Eier, getrennt

1 EL Mehl

30 ml Milch oder Schlagsahne

Salz, schwarzer Pfeffer aus der Mühle

1 EL Butter

40 g Ziegenfrischkäse

1 kleine Handvoll gemischte Kräuter (z.B. Dill, Schnittlauch, Estragon, Kerbel)

1 kleine Handvoll bunte Cherrytomaten

1–2 kleine Handvoll gemischte Blüten, wenn Sie welche haben

Ich war schon sehr früh der Überzeugung, dass Eifersucht und Rache in der Liebe sinnlos sind. Auch dann, wenn etwas geschehen ist, das mich wirklich kränkt. Ich habe es mir zur Gewohnheit gemacht, demjenigen, der Mist gebaut hat, etwas Besonderes zu schenken. Der hat es dann nämlich nötig.

Dieses Omelett schenkte ich Bernhard, als er nach einer sehr langen Nacht erst mit dem Zwitschern der Vögel lange nach mir nach Hause kam. Ich sagte „Guten Morgen" und machte dieses hübsche Omelett für ihn – zugegeben vielleicht mit etwas mehr frischen Chilis, als unbedingt nötig gewesen wären. Irgendwann, nach dem dritten oder vierten Bissen, hatte er Tränen in den Augen. Ob nun wegen der Chilis, meinetwegen oder einfach wegen der Schönheit des Morgens weiß ich nicht und es ist mir auch egal.

Ich hatte mich ursprünglich wegen seiner von jeder Verantwortung losgelösten, ungebremsten Energie in ihn verliebt. Jede Art von Gefühl brach mit anarchischer, ansteckender Kraft wie ein wilder Bergbach aus ihm heraus. Wie hätte ich ihm nun deswegen böse sein können? Wir sollten nie vergessen, warum wir uns in einen Menschen verliebt haben, und sollten etwas, das uns anfangs gut gefiel, später nicht verteufeln.

Die Chilis halbieren, entkernen und fein hacken. Die Frühlingszwiebel putzen und fein hacken. Beides beiseite stellen. Eigelb mit Mehl und Milch zu einem glatten Teig rühren. Würzen. Eiweiß mit einer Prise Salz zu Schnee schlagen und unterziehen. Die Butter in einer beschichteten Pfannen schmelzen. In der Pfanne die Zwiebeln leicht anschwitzen und den Omelett-Teig darübergießen. Chili einstreuen. Omelett bei mittlerer Hitze beidseitig goldgelb backen. Am besten verwenden Sie dafür eine zweite beschichtete Pfanne, die Sie beim Wenden passgenau auf die andere Pfanne aufsetzen und dann mit Schwung umdrehen.

Den Ziegenkäse cremig rühren. Die Kräuter zupfen oder fein hacken. Die Tomaten je nach Größe halbieren oder vierteln. Das Omelett auf einem Teller anrichten, mit Ziegenkäse und Tomaten füllen, zusammenklappen und mit Blüten bestreuen. Mit frischem Orangensaft und starkem Kaffee servieren. *Kurz darauf kommt dann die Versöhnung, da bin ich mir ziemlich sicher.*

EASY TIGER CEASAR SALAD

Ausnahmsweise für 3 Personen

2 Köpfe Römersalat
2 Scheiben Buttertoast, entrindet & gewürfelt
1–2 EL Olivenöl
1–2 TL getrocknete Chiliflocken

FÜR DIE MARINADE:

1–2 kleine Knoblauchzehen, fein gehackt
3–4 Sardellenfilets
1 TL englischer Senf
1 Eigelb
125 ml Olivenöl
30 g Parmigiano Reggiano, gerieben, plus ein paar Hobel für obendrauf
Salz, schwarzer Pfeffer aus der Mühle
Saft von ½ Zitrone
3–4 EL weißer Balsamicoessig
1 EL Ahornsirup
Anis
1 TL rosa Pfefferbeeren
2–3 Sardellenfilets pro Person, nach Belieben

Mark lernte ich in Indien kennen, er sah aus wie Mogli und war ein echter Weltenbummler. Er hatte die Angewohnheit, hektisches oder aufgeregtes Verhalten mit einem britisch dahingesungenen „Easy Tiger!" zu kommentieren. Im Jahrhundertsommer 1996 verbrachte er ein paar Wochen in Wien, in denen ein guter Freund und ich uns beide unsterblich in ihn verliebten. Morgens fuhren wir drei zum Baden zur Alten Donau und abends kehrten wir, von der Sonne, dem grünkühlen Wasser und unserer Verliebtheit weichgespült, zurück in die aufgeheizte Stadt. In meiner Küche machten wir uns dann eine große Schüssel von diesem herrlichen Salat. Wenn wir uns zu wild auf ihn stürzten (auf den Salat), kommentierte Mark das mit einem strengen: „Easy Tigers!" Wann immer ich Ceasar Salad esse, höre ich Marks Stimme dazu.

Den Salat waschen, schleudern und in mundgerechte Stücke reißen.

Die Toastbrotwürfel in einer beschichteten Pfanne ohne Öl braten, bis sie bräunen *(und zwar ganz ohne Bikinistreifen)*, erst dann 1–2 EL Olivenöl dazugeben und die Brotwürfelchen rundum knusprig braten. Genau jetzt die Chiliflocken dazugeben und die Pfanne gleich von der Hitze nehmen.

Für die Marinade Knoblauch und Sardellenfilets grob hacken. Beides zusammen mit Senf und Eigelb in einem hohen Gefäß mit dem Pürierstab pürieren. Das Öl in einem zarten Strahl einfließen lassen, dabei kräftig weitermixen, bis eine cremige Sauce entsteht. Den Parmesan untermischen. Nochmal kurz durchmixen. Mit Salz, Pfeffer, Zitronensaft, Essig, Ahornsirup und Anis abschmecken. Nun den Salat darin marinieren und zusammen mit den Croûtons, Parmesanhobeln, rosa Pfefferbeeren und den restlichen Sardellen servieren.

Spielwiese: Wer mag, kann zusätzlich alles Mögliche mit in den Salat geben: Avocado, Gurke, Eier, Rucola, Basilikum oder andere Kräuter, Kapern, Oliven, Frühlingszwiebel und was einem sonst noch so einfällt.

ES KOMMT LIEBE
AUF DEN TISCH

Kochen und Essen haben in allen meinen Beziehungen eine mehr oder weniger große Rolle gespielt, einfach deshalb, weil Kochen und Essen immer eine Rolle in meinem Leben spielen. Ich liebe Kochen und ich liebe gemeinsames Kochen. Kochen ist eine zusätzliche Art von Kommunikation, neben Sprechen, Tanzen und Sex. Beim gemeinsamen Kochen habe ich viel fürs Leben gelernt. Rücksicht, Durchsetzungsvermögen, Flexibilität, Führen und Sich-führen-Lassen, Experimentierfreudigkeit, Selbstbewusstsein, Verantwortung, Konzentration, Achtsamkeit, andere Ideen gelten zu lassen und noch einiges mehr. Wenn Sie so wollen, kann Kochen auch als Symbol dafür gelesen werden, wie wir unsere Beziehungen führen. Es schmeckt so, wie wir es gekocht haben. Unsere Beziehung ist wie das Gericht, das am Ende auf den Tisch kommt, das Ergebnis aller Zutaten und Gewürze und all unserer Bemühungen. Ein Restgeheimnis bleibt in der Küche wie in der Liebe bestehen. Und das ist auch gut so.

SAURE WURST

Für 2 Personen

2 gute Knackwürste*
2 kleine rote Zwiebeln
4 EL gutes Sonnenblumenöl
2–3 EL milder Apfelessig oder Hesperidenessig**
1 TL Zucker
Salz, Pfeffer

Knackwürste schälen, die runden Enden abschneiden und sofort essen. *Dann aber auch wieder damit aufhören, sonst bleibt ja nichts für die Saure Wurst übrig – ich sage das, weil mir das schon passiert ist und ich eine ganze Knackwurst auf einen Sitz aufgegessen habe.* Den Rest jeder Knackwurst in feine Scheiben schneiden und hübsch auf einem Teller anrichten. Die roten Zwiebeln schälen und in hauchdünne Ringe schneiden. Auf der Wurst verteilen. Aus allen restlichen Zutaten eine Marinade rühren und über die Wust gießen. Essen! Mehr ist dazu nicht zu sagen.

*
Die weltbesten kommen von
Ewald Piller aus Marz im Burgenland.

**
Das ist eine 1927 erfundene
österreichische Essigspezialität und
außerdem ein reiner Gärungsessig.

AHOI-BROT MIT EI & KRESSE

Für 2 Personen

2 Eier
1 Schuss Schlagsahne
1 Schuss Mineralwasser mit Kohlensäure
1 Klacks Butter
2 Scheiben helles Lieblingsbrot
kalte Butter zum Bestreichen
150 g Nordseekrabben, geschält*
½ Packung Kresse
Meersalzflocken & schwarzer Pfeffer, grob gemahlen

Die Eier mit der Sahne in einer Schüssel verquirlen. Das Mineralwasser hinzufügen. In einer Pfanne den Klacks Butter schmelzen und darin die Eier zu flaumigem Rührei rühren. Die Brotscheiben dick mit Butter bestreichen. Das etwas abgekühlte Rührei darauf verteilen, reichlich Krabben darauftürmen und mit Kresse, Meersalzflocken und grobem schwarzem Pfeffer bestreuen.

*
In Norddeutschland wird gepult.

ROSENKOHL IM WACHOLDER-HONIG-KLEID

Für 2 Personen

250 g Rosenkohl
60 g Hamburger Speck in Scheiben
2 EL Butter
1 kräftiger Schuss Gin
1–2 Handvoll Esskastanien, gekocht

FÜR DIE MARINADE:

3–4 EL Walnussöl
2 EL Balsamicoessig
Saft von 1 Orange
etwas Orangenblütensirup
noch 1 Schuss Gin
2 TL Waldblütenhonig
6–8 Wacholderbeeren
feines Meersalz, schwarzer Pfeffer aus der Mühle

Den Rosenkohl putzen. Dazu die Stiele kürzen und die äußeren Blätter entfernen. In kochendem Salzwasser ca. 4 Minuten bissfest blanchieren. Mit eiskaltem Wasser abschrecken, damit die Röschen schön grün bleiben. Speck in Streifen schneiden. In einer beschichteten Pfanne anrösten, die Butter dazugeben und den Rosenkohl darin anbraten. Mit Gin ablöschen und verkochen lassen. Dann die Kastanien unterheben. Alles in einer Schüssel anrichten. Aus allen weiteren Zutaten eine sämige Marinade rühren oder im Marmeladeglas sämig schütteln. Den Rosenkohl darin marinieren und servieren.

Den Rest der Marinade extra dazu reichen, dann kann jeder ganz nach Geschmack nachladen.

LIEBE IST IRGENDWO UND ÜBERALL

Wie schrecklich es sich anfühlt, wenn man ohne Liebe lebt, spürt man an schlechten Tagen. Wenn einem die Sonne morgens nicht ins Gesicht scheint, man sein Spiegelbild nicht anlächelt und nicht denkt: Guten Morgen, Liebes, das wird ein guter Tag! Solche Tage sollten schneller vergehen als andere. Die Welt wäre ein besserer Ort, würden wir die Menge an Liebe, die uns allen täglich zur Verfügung steht, ordentlich erhöhen und gerecht untereinander verteilen. Wie wäre es wohl, wenn jeder Mensch zu jeder Zeit genau die Menge an Liebe und die Art von Liebe bekommen könnte, die er braucht? Eines gilt für uns alle: Wir sind es, die darüber entscheiden, wie viel Liebe es zwischen uns gibt. Und sonst niemand.

JAKOBSMUSCHELN MIT BLUMENKOHLCREME & SCHWARZEN JOHANNISBEEREN

Für 2 Personen

FÜR DIE BLUMENKOHLCREME:

½ Blumenkohl
3 EL Butter
feines Meersalz, weißer Pfeffer aus der Mühle
Muskatnuss

2–3 Jakobsmuscheln pro Person
1 EL geklärte Butter **
1 EL schwarze Johannisbeeren, entstielt
oder: 2 hübsche Dolden für die Dekoration
etwas braune Butter (wer mag)
Zitronenschale

Wenn ich dieses Gericht für ein Kind, wie neulich für meine Tochter, zubereite, dann schneide ich die Jakobsmuscheln (wenn sie sehr dick sind, was sie meistens sind) im Schmetterlingsschnitt* auf, bevor ich sie brate. Meine Tochter mag es nicht, wenn die Muscheln innen glasig sind. Das ist, wie ich finde, ihr gutes Recht, also bekommt sie ihre Muscheln immer gut durch.

———

Den Blumenkohl in grobe Röschen brechen. Den Strunk schälen und in Scheiben scheiden. Ein paar kleinere, besonders hübsche Röschen zum Anrichten aussortieren. In einem Topf Salzwasser zum Kochen bringen. Die hübschen Deko-Röschen darin 3 Minuten blanchieren. Herausfischen und vorsichtig abschrecken, damit sie nicht zerbrechen. Beiseite stellen. Im selben Wasser die restlichen groben Röschen und den Strunk ebenfalls 3 Minuten blanchieren. Abseihen zurückbehalten.

Die abgetropften Röschen und Strunkscheiben in einem Topf in 2 EL Butter sanft anbraten und gut durchschwenken, mit Salz, Pfeffer und Muskat würzen. Wenn Sie es gerne cremig und gehaltvoller mögen, eventuell noch mehr Butter dazugeben. Mit dem Mixstab nicht ganz fein pürieren. Warm stellen.

Die Jakobsmuscheln in einer anderen Pfanne in der geklärten Butter anbraten. Pro Seite ca. 1 Minute (je nach Dicke reichen manchmal auch schon 30 Sekunden).

Die hübschen ganzen Röschen in der restlichen Butter (1 EL ist noch übrig) warm schwenken. Auf beide Teller je einen beherzten Klacks vom pürierten Blumenkohl geben. Ein paar hübsche Röschen darauf verteilen. Die Jakobsmuscheln platzieren. Die schwarzen Johannisbeeren dazustreuen. Sie platzen beim Essen fast wie große Kaviarperlen und geben dann ihren fantastischen altmodischen süß-säuerlichen, leicht staubigen Geschmack frei. Wer mag, kann noch etwas braune Butter darüberträufeln und einen Hauch Zitronenschale darüberreiben.

**
Butter zerlassen, aber nicht bräunen, die klare Flüssigkeit abgießen und auffangen. Den trüben Rest entsorgen.

*
Dazu das herrlich kühle, glatte Muschelfleisch längs halbieren. Dabei nicht ganz durchschneiden und dann aufklappen. Die Muschel ist dann noch in einem Stück, aber nur mehr halb so dick.

THUNFISCHTATAR MIT SAKE & KNUSPER

Für 2 Personen

1 Packung Strudelteig
2 EL Butter, zerlassen
Meersalz, mittelgrob zerstoßen
4–5 Frühlingszwiebeln
1–2 EL eingelegter Sushi-Ingwer
100–200 g Thunfischfilet in 1A Sushi-Qualität
Saft von 1 Limette
1–2 TL Wasabipaste
1 Eigelb
2 cl Sake
Sojasauce
Salz, schwarzer Pfeffer aus der Mühle

Das werden Sie mir vielleicht jetzt nicht glauben, aber dieses Gericht ist sehr gehaltvoll. Wenn Sie es also füreinander als Vorspeise planen, machen Sie eher kleine Portionen, sonst wollen oder können Sie nachher nichts anderes mehr essen. Soll es nur das Tatar geben, dann darf's eine kräftigere Portion sein – wie diese hier.

―――――

Zuerst die Strudelkreise backen: Den Ofen auf 200 °C (Ober- und Unterhitze) vorheizen. Die Strudelteigblätter in große Kreise (ca. 10 cm Durchmesser) schneiden. Kreise auf ein mit Backpapier ausgelegtes Blech verteilen, mit zerlassener Butter bestreichen und mit etwas Meersalz bestreuen. Im Ofen ca. 5 Minuten knusprig goldbraun backen. Herausnehmen und beiseite stellen.

Frühlingszwiebeln und eingelegten Ingwer fein hacken, Thunfisch in sehr, sehr kleine, feine Würfel schneiden. Das Messer muss bitte wirklich sehr scharf sein, sonst werden die Würfelflächen nicht glatt! Mit Limettensaft beträufeln. Dann alle weiteren Zutaten untermischen und ganz nach Wunsch abschmecken.

Die Strudelkreise auf Teller legen. Das Tatar darauf anrichten.

―――――

Übrigens: Sie können das ganze Gestrudle auch weglassen, wenn Ihnen das zu affig ist, und einfach gutes Roggenbaguette dazu servieren.

GRÜNE FRÜHLINGSSUPPE MIT WALDMEISTER & WACHTELEI

Für 2 Personen

300 g junger Spinat
150 g Bärlauch
½ Bund Waldmeister
2 Schalotten
1 EL Butter
1 Schuss Weißwein
500–600 ml Gemüsesuppe
Salz, schwarzer Pfeffer aus der Mühle
Muskat
4 cl Waldmeistersirup oder mehr
1 TL Butter
2 Wachteleier
etwas Zitronensaft

Diese Suppe schmeckt ein bisschen wie frisch gemähtes Gras. Das macht der Waldmeister, den ich sehr liebe.

———

Spinat, Bärlauch und Waldmeister waschen und trocken schleudern. Dicke Stängel entfernen, die dünnen dürfen dranbleiben. Die Schalotten schälen und fein würfeln. Die Butter in einem Topf zerlassen und die Schalotten darin anschwitzen. Spinat, Bärlauch und Waldmeister dazugeben und zusammenfallen lassen. Mit Weißwein ablöschen und einkochen lassen. Dann mit Suppe aufgießen und alles etwa 20 Minuten leise köcheln. Dann ab in den Mixer und alles pürieren. Mit Salz, Pfeffer, Muskat und Waldmeistersirup abschmecken.

In einer Pfanne 1 TL Butter zerlassen und darin 2 reizende Wachtelspiegeleier braten. Achtung, die Wachteleier sind erstaunlich widerstandsfähig. Am besten ritzen Sie die Schalen mit einem scharfen Messer an, dann bekommen Sie die kleinen renitenten Eier auch ganz aus der Schale. Die Suppe in Schalen oder Tellern mit den Eiern gekrönt servieren. Am besten schmeckt sie lauwarm – die Suppe.

KARTOFFEL-LAUCH-SUPPE MIT SALATHERZEN

Für 2 Personen

500–600 ml Gemüsesuppe
125 g Lauch, bitte nur die weißen Teile
300 g Kartoffeln
300 g Feldgurke
1–2 Stängel Minze
60 g helle Salatblätter
2–3 EL Olivenöl
Salz, weißer Pfeffer aus der Mühle
2 Salatherzen
Cocktailgurken, halbiert

Gut durchgekühlt schmeckt diese Suppe wie ein Kuss von eiswürfelkühlen Lippen.*
Warm serviert ist sie eine sanfte Streicheleinheit.

———

Die Gemüsesuppe in einem Topf erwärmen. Den Lauch halbieren und in Halbmonde schneiden. Die Kartoffeln schälen und in feine Scheiben schneiden. Die gute Gurke schälen, die Kerne mit einem Löffel herausschaben und die ausgehöhlte Gurke würfelig schneiden. Minzblätter vom Stängel zupfen, zusammen mit Salatblättern grob hacken. Das Olivenöl in einem schweren Topf erhitzen. Lauch darin glasig anschwitzen, Kartoffelscheiben, Gurkenwürfel, gehackte Salatblätter und die Minze dazugeben. 5 Minuten unter mehrmaligem Umrühren dünsten. Das Gemüse soll keine Farbe annehmen. Salzen und pfeffern. Mit warmer Suppe aufgießen. Etwa 15 Minuten zart köcheln lassen, bis die Kartoffeln leicht zerfallen. In der Küchenmaschine oder mit dem Stabmixer auf niedriger Stufe fein pürieren. Die Suppe endgültig abschmecken. Entweder gleich servieren oder für 3 Stunden kalt stellen. In beiden Fällen mit Salatblättern, Cocktailgurken und Minze servieren.

*
Wenn Sie es nicht schon kennen, dann sollten Sie unbedingt mal mit eiswürfelkühlen Lippen küssen.

MEIN HERZ SO DUNKELROT. ROTE BETEN IM SALZTEIG

Für 5 Personen

5 Rote Beten
300 g Mehl
300 g Meersalz
ca. 200 ml Wasser
250 g Crème fraîche

Meine vier wichtigsten Freundinnen sind alle recht trinkfest. Wir lieben Champagner, Gin Tonic und guten Wein. An einem besonders fröhlichen Abend in Wien haben wir uns ewige Liebe und lebenslange Treue geschworen und das mit unserem Blut besiegelt. Das hört sich heldenhafter an, als es war – die Sicherheitsnadel, die dafür herhalten musste, erinnert sich noch heute an unser Zögern. Trotzdem – wir sind jetzt echte Blutsschwestern, unsere Herzen dunkelrot vereint. Dies ist das Gericht, das zu uns gehört, auch weil es so salzig ist und man dann gerne immer weiter trinken will. Liebe für meine Mädels!!! Liebe – forever!

———

Die Roten Beten in reichlich Wasser aufsetzen und in etwa 20 Minuten (ab dem Zeitpunkt des Kochens) mittelweich kochen. Ausdampfen lassen. Mehl, Salz und Wasser in der Küchenmaschine zu einem kräftigen Teig verarbeiten. Kurz ruhen lassen.

Danach den Teig ausrollen und die Roten Beten mollig und vollständig mit dem Teig umhüllen. Auf ein mit Backpapier ausgelegtes Backblech setzen und bei 180 °C im Ofen für ca. 1 Stunde backen. *Dabei vor dem Ofen sitzen, Champagner trinken – und mit den Freundinnen alles besprechen, wofür man sonst keine Zeit hat.* Dann die Rübenkinder aus dem Ofen holen und aufknacken oder, falls der Teig sehr hart geworden ist, mit einem Hammer aufklopfen. *Wirklich!* Dann mit der Hand weiter aufbrechen, bis sie ihr dunkelrotes, herrlich salziges Herz öffnen. Und bitte unbedingt in der Schale servieren. Das sieht so schön aus! Nichts weiter dazu reichen als Crème fraîche, die Sie etwas aufschlagen.

GESCHMORTER KAROTTENMIX MIT ORANGEN & PISTOU

Für 2 Personen

FÜR DEN PISTOU*:
2 Bio-Orangen
½ Bund Petersilie
80 ml Olivenöl
Salz, schwarzer Pfeffer aus der Mühle
1–2 TL Orangenblütenwasser

FÜR DEN KAROTTENMIX:
je 2 orange, gelbe und lila Karotten
1 Kohlrabi
1 rote Zwiebel
3–4 Zweige Thymian
125 ml Gemüsesuppe
je 1 EL Butter und Zucker
2–3 EL Rosinen
1 TL langer Pfeffer*
Salz

Backofen auf 180 °C (Ober- und Unterhitze) vorheizen. Die Orangen halbieren und 2 Scheiben für die Garnitur aufheben. Den Rest dünn schälen und die Schale fein hacken. Den Saft auspressen. Beiseite stellen. Petersilie abzupfen und zusammen mit Olivenöl und Orangenschalen mit dem Stabmixer mittelfein pürieren. Mit Salz, Pfeffer und Orangenblütenwasser abschmecken.

Karotten, Rüben und Kohlrabi putzen und schälen. Je nach Größe halbieren oder in Stifte schneiden. Zwiebel schälen und in dicke Ringe schneiden. Zusammen mit Thymian, Gemüse, Orangensaft, Suppe, Butter, Zucker und Rosinen in einen gusseisernen Bräter mit Deckel geben. Peffer einstreuen und salzen. Für ca. 1 Stunde zugedeckt in den Ofen schieben, bis alles schön weich ist, aber noch Biss hat. Zusammen mit frischen Orangenschalen und frischen Thymianzweiglein auf einer Platte anrichten. Pistou dazu reichen.

*
Pistou ist eine Art provençalisches Pesto.

**
Pfeffersorte mit leicht süß-säuerlichem Geschmack.

VORSPEISEN

WEISSE BOHNEN MIT BLUTWURST & MAJORAN

Für 2 Personen

150 g weiße Bohnen, über Nacht eingeweicht

½ Bund frischer Majoran

2 Lorbeerblätter

1 Zwiebel, fein gehackt

2 EL Butterschmalz

Salz, schwarzer Pfeffer aus der Mühle

Cayennepfeffer

120 g Blutwurst

40 g Ziegenkäse in Asche

Die eingeweichten Bohnen abgießen und in frischem Wasser zusammen mit einem Zweig Majoran und 2 Lorbeerblättern weich kochen. Das kann je nach Bohnenart bis zu 2 Stunden dauern.* Abseihen. Vom Kochwasser ein wenig aufheben. Die Zwiebeln in 1 EL Butterschmalz hellbraun rösten, die Bohnen dazugeben, mit Salz, Pfeffer und Cayennepfeffer würzen, etwas Bohnenwasser angießen und die Bohnen darin warm ziehen lassen.

In der Zwischenzeit die Blutwurst in Scheiben schneiden. In einer Pfanne das restliche Butterschmalz erhitzen und die Blutwurstscheiben darin von allen Seiten schön knusprig anbraten. Die Majoranblättchen von den Stängeln zupfen, den Ziegenkäse zerbröseln. Beides vorsichtig unter die Bohnen mischen.

Die Bohnen auf Tellern anrichten. Den Bratensaft gerecht verteilen und die Blutwurstscheiben auf den Bohnen anrichten. Mit frischem Majoran und Pfeffer aus der Mühle bestreuen.

*
Ein Freund und Bohnenliebhaber hat mir erzählt, dass man das Bohnenwasser beim Kochen mehrmals wechseln soll, das beugt angeblich den gefährlichen Auswirkungen vor, die Bohnengenuss gerne mit sich bringt. Danke, Dr. Golf!

SPARGELSALAT MIT ERDBEEREN & LIMETTE

Für (Sie ahnen es) 2 Personen

- 6–8 schöne, reife Erdbeeren, Mieze Schindler, wenn Sie welche bekommen
- 1 Bund grüner Spargel
- extra gutes Olivenöl, am besten ein ganz fruchtiges
- alter Balsamicoessig
- weiße Pfefferkörner
- Maldon-Salzflocken
- 1 Limette, Saft von einer halben, Schalenabrieb von der ganzen
- Vintage Cheddar oder Parmesan

Ein ideales Gericht für Beziehungsphobiker wie mich. Die Zutaten ergeben zusammen ein tolles Gericht, bleiben aber trotzdem jede für sich in fast unangetastetem Zustand erhalten. Na gut, den Spargel musste ich kochen. Aber ist das nicht am Anfang jeder Beziehung obligat: dass einer den anderen einkocht? In Österreich bedeutet das, dass der eine flirtend das Interesse des anderen weckt. Bei diesem Gericht herrscht auf dem Teller perfekte Harmonie zwischen Nähe (ein wenig) und Distanz (jede Menge)! Das kann in keiner Beziehung schaden. Auch dann nicht, wenn weit und breit kein Beziehungsängstlicher zu sehen ist.

———

Die Erdbeeren putzen und je nach Größe vierteln oder halbieren. Spargel wenn nötig im unteren Bereich schälen und zurechtstutzen. In kochendem Wasser blanchieren. Kurz abtropfen lassen und schräg in eher dicke Scheiben schneiden. *Ja, Sie haben recht, für das Foto haben wir ihn ganz gelassen!* Mit den Erdbeeren in einer Schüssel mit Olivenöl und Balsamico zart miteinander vermischen. Zum Schluss etwas grob gestoßenen oder gemahlenen weißen Pfeffer und die Maldon-Salzflocken darüberstreuen. Mit etwas Limettensaft beträufeln. Wer mag, kann auch noch Vintage Cheddar oder Parmesan in groben Stückchen dazugeben. Idealerweise ist der Spargel beim Servieren noch lauwarm. Die einzelnen Zutaten sollten nicht restlos miteinander vermischt sein, sondern sich erst beim Essen im Mund miteinander verbinden.

FORELLENCREME
MIT FORELLENKAVIAR

Für 2 Personen

1 geräuchertes Forellenfilet
1 Frühlingszwiebel
2 Stängel Estragon
1 Zitrone
100 g Frischkäse
1 Schuss weißer Portwein
Salz, schwarzer Pfeffer aus der Mühle
4 Scheiben rundes Pumpernickelbrot oder Roggenbaguette
1 kleine Dose Forellenkaviar

Forellenfilet in einer Schüssel mit den Fingern oder einer Gabel zerpflücken. Die hübsche Frühlingszwiebel putzen und fein hacken. *Ich mag ihre prallen schneeweißen Rundungen, sie leuchten wie ein kleiner nackter Hintern beim Schwimmen im Mondlicht.* Die Estragonblättchen von den Stängeln zupfen und ebenfalls fein hacken. Die Zitrone auspressen. Den Frischkäse und alle anderen Zutaten bis auf Pumpernickel und Forellenkaviar dazugeben. Mit dem Mixstab auf niedriger Stufe zur gewünschten Konsistenz pürieren. Auf die Pumpernickelscheiben verteilen und mit Kaviar, einigen Estragonblättchen und evtl. einem Streifchen Zitronenschale garnieren.

FRISCHER ZUCCHINISALAT

Für 2 Personen

125 g kleine feine Zucchini, schön fest sollen sie sein
125 g kleine wohlschmeckende Marinda-Tomaten*
½ Bund Minze
1 Knoblauchzehe
Salz, schwarzer Pfeffer aus der Mühle
2 EL Olivenöl
1 Prise Zucker
Saft von ½ Zitrone

Sommer pur!

Die Zucchini waschen und mit der rauen Seite eines unberührten Küchenschwamms fest abreiben. Dann mit dem Sparschäler in feine Streifen hobeln. Die Tomaten würfeln. Minze fein hacken, zumindest 2 hübsche Zweige zurückbehalten. Den Knoblauch schälen, etwas andrücken und in ein kleines Stückchen Küchenmull wickeln. In einer Schüssel alles gut miteinander vermischen. Salz, Pfeffer, Olivenöl, Zucker und Zitronensaft gut vermischen und den Salat damit marinieren. Für etwa 1 Stunde im Kühlen durchziehen lassen. Dann den Knoblauch entfernen. Und noch mal abschmecken. Mit frischem Minzzweiglein servieren.

*
Das sind kleine Fleischtomaten aus Sizilien:
wunderbar aromatische, prall-gerippte Früchte.

LIEBE MACHT BLIND

Der liebevolle Blick neigt dazu, sich bestimmten unschönen Details zu verschließen. Er weist gewisse höfliche blinde Flecke auf – wie ein altersschwacher Spiegel. Genau wegen dieser Unzulänglichkeiten sollten wir so oft wie möglich mit eben diesem Blick in die Welt schauen. Er zeigt eine Schönheit, die, ohne alles zu enthüllen, trotzdem die Wahrheit sagt. Nicht immer ist nämlich die nackte Wahrheit die einzige Wahrheit. Um es mal mit einer Figur aus Michael Köhlmeiers „Die Abenteuer des Joel Spazierer" zu sagen: „Wahrheit wird überschätzt und Höflichkeit unterschätzt!"

Wir sollten möglichst oft einen verliebten oder liebenden Blick auf die Welt, unsere Liebsten und uns selbst werfen. Eigentlich sollten wir nur so schauen! Unschärfe bringt Poesie – die Welt, mit einem liebenden Blick betrachtet, sieht einfach schöner aus!

SELLERIE-APFEL-SALAT MIT GRANATAPFEL & NÜSSCHEN

Für 2 Personen

½–1 kleine Knolle Sellerie

1 Karotte

2 Stangen Staudensellerie (aus der Mitte)

1 süß-säuerlicher Apfel

Zitronensaft

2 EL Granatapfelkerne

1 EL Walnüsse, grob zerbrochen

FÜR DIE VINAIGRETTE:

je 1 EL Mayonnaise und Saure Sahne

1 TL grobkörniger Senf

1 EL Walnussöl

2 EL Apfelessig

Salz, schwarzer Pfeffer aus der Mühle

Hauch Curry und Cayennepfeffer

etwas Granatapfelsirup

Die Sellerieknolle schälen und in feine Streifen schneiden. Die Karotte schälen und in winzige Würfelchen schneiden. Die Selleriestangen in feine Scheiben schneiden. Die Gemüse getrennt in Salzwasser bissfest blanchieren (dauert nur ca. 1–2 Minuten). Kalt abschrecken und gut abtropfen lassen.

In der Zwischenzeit mit einem Apfelausstecher das Kerngehäuse des Apfels ausstechen. Ihn zuerst in Scheiben und dann in feine Stifte schneiden, mit Zitronensaft beträufeln. Nun alle Gemüsezutaten und den Apfel zartfühlend miteinander vermischen. Blanchiertes Gemüse ist sensibel.

Die Zutaten für die Vinaigrette mit dem Stabmixer zu einer sämigen Konsistenz mixen. Den Salat zart mit der Vinaigrette vermählen und mit Granatapfelkernen und Nussstückchen servieren.

———

Spielwiese: Der Salat passt, wie ich finde, herrlich zu einer dicken Scheibe Schinken, die Sie in wenig warmem Wasser bei kleiner Hitze lauwarm ziehen lassen – und mit brauner Butter beträufeln. Braune Butter ist übrigens wie Schokolade ein passabler Trost bei Liebesmangel. Zärtlich weich und warm, mollig im Geschmack, so streichelt sie unseren Gaumen. Daher niemals mit brauner Butter sparen. Let There Be Love & braune Butter!

GEBRATENE KÜRBISSCHEIBEN IN FESCHER PANIER

Für 2 Personen

1 kleiner Hokkaido-kürbis
1–2 EL Olivenöl
schwarzes Salz*
je 2 EL Kürbis- und Cashewkerne
etwas Orangensaft, frisch gepresst
1 kleiner Bund Dill
1 Prise gemahlener Ingwer
Cayennepfeffer

FÜR DIE MARINADE:
1–2 Bio-Orangen, Saft ausgepresst, die Hälfte der Schale sehr fein gehackt
3 EL Olivenöl
1 TL Mayonnaise
1 Prise Ingwer, gemahlen
feines Meersalz, schwarzer Pfeffer aus der Mühle
1–2 Bund Rucola (oder Mizuna oder Asia-Mix-Salat oder Friséesalat)

*
Schwarzes Meersalz wird durch Kohle gefiltert und ist deshalb schwarz. Es schmeckt intensiver und würziger.

In Wien gibt es einen von mir geschätzten Ausdruck für Kleidung: die „Panier". (Die deutsche Entsprechung wäre übrigens Panade.) Jemand in „fescher Panier" ist also ein Mensch, der sich hübsch gemacht hat. Wie unser Kürbis in diesem einfachen Rezept.

Den Ofen auf 200 °C vorheizen (Ober- und Unterhitze). Den Kürbis halbieren und mit einem Löffel die Kerne herausputzen. Die Kürbisenden abschneiden und die Kürbishälften in Spalten schneiden. Mit etwas Olivenöl gut durchmischen, bis die Spalten glänzen. Ein Backblech mit Backpapier belegen und die Kürbisscheiben darauf verteilen. Mit schwarzem Salz bestreuen. Nun für 20–30 Minuten in den Ofen schieben, bzw. so lange, bis die Scheiben butterweich sind.

Die Kerne ohne Öl in einer Pfanne leicht anrösten. Etwas abkühlen lassen und dann fein hacken. Die eine Hälfte der Kürbisscheiben mit der Nussmischung bestreuen oder darin panieren und beiseite stellen.

Die andere Hälfte mit etwas Orangensaft, restlichem Olivenöl und den gezupften Dillspitzen im Mixer zu einem groben Püree mixen. Mit den Gewürzen kräftig abschmecken.

Alle Zutaten für die Marinade verrühren oder im Schraubglas schütteln. Den Salat damit marinieren. Nun etwas Kürbispüree auf Teller verteilen. Den Salat daraufsetzen und die Kürbisscheiben obendrauf drapieren.

Spielwiese: Die Kürbisscheiben in der feschen Panier passen auch gut zu einer Kürbissuppe oder einem Kürbisrisotto. Nach dem gleichen Prinzip könnte man auch Sellerie- oder Süßkartoffelschnitze im Ofen braten. Zu den Süßkartoffeln könnte man Salat mit grünen Bohnen servieren, zum Ofensellerie eine Linsen-Rucola-Mischung. Nur so als Idee.

ARTISCHOCKEN MIT ZWEIMAL PARADIESSAUCE

Für 2 Personen

½ Zitrone in Scheiben
2 große oder 4 kleine Artischocken

FÜR DIE ROSA PARADIESSAUCE:

2 EL Saure Sahne
1 EL Ketchup
½ TL englischer Senf
½ Knoblauchzehe, mit Salz zerdrückt
etwas Yuzu- oder Zitronensaft
Salz, schwarzer Pfeffer aus der Mühle, Chilipulver

FÜR DIE WEISSE PARADIESSAUCE:

2 EL Saure Sahne
1 EL Mayonnaise
3 Sardellen
1 TL Salzkapern, fein gehackt
½ Knoblauchzehe, mit Salz zerdrückt
etwas Yuzu- oder Zitronensaft
Salz, schwarzer Pfeffer, grob gemahlen

Es ist so: Der gute Gastgeber serviert zu Artischocken eine Fingerschale. Die Artischocke isst sich nun mal am besten mit der Hand. Das ist sogar laut Knigge erlaubt. Das Herz allerdings soll man dann wieder mit Messer und Gabel essen. Mach' ich aber nicht – und Fingerschalen gibt's bei mir auch nicht. Ich mach' mir nämlich gern die Hände schmutzig!

———

Einen großen Topf Wasser zustellen. Kräftig salzen und die Zitronenscheiben einlegen. Die Artischocken von den äußeren harten Blättern befreien. Die Köpfe ins kochende Wasser gleiten lassen. Darin je nach Größe ca. 20–40 Minuten kochen. Keinen Deckel auflegen, sonst wird das eine braune Angelegenheit. Wenn Sie der Knospe ganz leicht ein Blatt aus der Krone ziehen können, sind die Artischocken fertig. Herausfischen und kopfüber etwas ausrinnen lassen. Erst dann servieren. Für die rosa Paradiessauce alle Zutaten gut verrühren, für die weiße Sauce alles mit dem Stabmixer pürieren. Beide Saucen gut abschmecken. Ja, so einfach ist das!

HAUPTSPEISEN

Being in Love & Willing to Stay
oder worauf es ankommt

———

Nach so viel Luft und Liebe wollen wir jetzt (aneinander)
satt werden. Wir müssen mit unserer Liebe nun das machen,
was eine gute Hauptspeise im Verlauf eines Menüs mit uns macht.
Wir müssen den Hunger stillen, die Liebe nähren und versorgen.
Mit allem, was sie so braucht, ohne dabei allzu satt,
faul oder müde zu werden.

KNUSPRIGE STRUDELPÄCKCHEN MIT GERÄUCHERTER MAKRELE

Für 2 Personen

1 Packung Strudelteig
30–40 g Butter, zerlassen

FÜR DIE FÜLLUNG:

1 kleiner saurer Apfel
2 Rote Beten, gekocht & geschält
2 Frühlingszwiebeln
250 g geräuchertes Makrelenfilet
50 ml Schlagsahne
2 EL Crème fraîche
1 Spritzer Zitronensaft
Salz, schwarzer Pfeffer aus der Mühle, Cayennepfeffer

FÜR DIE SAUCE:

150 ml Saure Sahne
1 Handvoll Dill, gehackt
1 EL Meerrettich

Zuerst die Füllung zubereiten. Dafür die Äpfel entkernen und zusammen mit den Roten Beten und Frühlingszwiebeln grob hacken. Vom Markelenfilet pro Küchlein ein kleines Stück zurückbehalten. Den Rest zusammen mit Schlagsahne, Crème fraîche und den gehackten Zutaten in der Küchenmaschine oder mit dem Stabmixer grob pürieren. Die Farce mit Gewürzen und Zitronensaft gut abschmecken. Alle Zutaten sollten für die Verarbeitung gut gekühlt sein. Eventuell vor dem Mixen noch einmal im Kühlschrank durchkühlen lassen.

Backofen auf 220 °C (Ober- und Unterhitze) vorheizen. Den Strudelteig in etwa 10 x 10 cm große Quadrate schneiden. Die benötigte Anzahl von ofenfesten Kaffeetassen (oder Muffinförmchen) mit Butter ausstreichen. In jede Vertiefung ein Teigblatt legen. Mit Butter bestreichen und ein zweites und drittes etwas versetzt darüberlegen. Dazwischen wieder buttern. Machen Sie auf diese Art 2–4 Küchlein, je nachdem wie hungrig Sie sind. 2–4 Teigquadrate zurückbehalten. In jedes Küchlein etwas Füllung löffeln, je ein Makrelenstück daraufsetzen, mit Füllung bedecken und die Teigränder über der Füllung zusammenschlagen. Je eines der zurückbehaltenen Strudelblätter zerknüllen und die Küchlein damit zudecken. Mit geschmolzener Butter bestreichen und im Ofen in ca. 8–12 Minuten goldgelb und knusprig backen. Herausnehmen und abkühlen lassen.

Für die Sauce alle Zutaten miteinander vermischen und kräftig abschmecken.

KANINCHEN SO UND SO MIT LAUCH & SÜSSKARTOFFELN

Für 2 Personen

SO:

½ Knolle Sellerie
2 Karotten
½ Stange Lauch
1 Scheibe Speck
2 Kaninchenkeulen
75 ml Weißwein
250 ml Gemüsesuppe
½ Bund Estragon
1–2 TL kalte Butter

UND SO:

1 Stange Lauch
1 Süßkartoffel
1 EL Butter
75 ml Weißwein
1 EL Olivenöl
1 EL Butterschmalz
1–2 Kaninchenfilets

Salz
schwarzer Pfeffer aus der Mühle
Muskat
Cayennepfeffer

Sellerie und Karotten schälen und klein würfeln. Lauch in feine Ringe schneiden. Den Speck fein würfeln und in einem Topf bei mäßiger Hitze zerlassen. Herausnehmen. Im selben Fett die Kaninchenkeulen von allen Seiten gut anbraten. Herausnehmen, salzen und leicht pfeffern. In derselben Pfanne das Gemüse anbraten. Eventuell ein wenig Butterschmalz hinzufügen, wenn zu wenig Fett da ist. Speck und Kaninchenkeulen wieder dazugeben. Alles gemeinsam kurz durchrösten. Mit Weißwein ablöschen. *Zisch! Ich liebe dieses Geräusch, da fühle ich mich immer wie eine echte Köchin.* Den Wein einkochen lassen. Dann die Gemüsesuppe angießen. Estragon hinzufügen. Den Deckel auflegen und etwa 50 Minuten schmoren lassen, bis das Fleisch fast vom Knochen fällt.

In der Zwischenzeit die andere Lauchstange in Ringe schneiden. Die Süßkartoffel schälen und in kleine Würfel schneiden (ca. 1 x 1 cm). In einer Pfanne die Butter zerlassen und den Lauch darin anbraten. Mit dem Weißwein ablöschen und in 2–3 Minuten weich dünsten. Mit Muskat und Salz abschmecken und beiseite stellen. In einer zweiten Pfanne das Olivenöl erhitzen, die Süßkartoffelwürfel darin von allen Seiten knusprig braten. Das dauert sehr viel weniger lang, als man denkt, nämlich ca. 7 Minuten.

Während die Kartoffeln knusprig werden, die Kaninchenkeulen herausnehmen. Das Fleisch von den Keulen lösen. Nun gibt es zwei Möglichkeiten: Man kann die Sauce mit der kalten Butter binden und legt das Fleisch einfach zurück in die Sauce und serviert es so. Oder man gießt den Bratensaft durch ein Sieb. Püriert so viel Gemüse gemeinsam mit dem Saft, bis man eine mehr oder weniger dicke Sauce hat. Das restliche Gemüse kann man extra dazu servieren oder in die nächste Suppe tun. Die Sauce kräftig abschmecken und warm halten.

In einer weiteren Pfanne – *Mann, sind das viele Pfannen!* – das Butterschmalz erwärmen und das Kaninchenfilet darin von beiden Seiten je 2–3 Minuten anbraten. Das Filet in Scheiben schneiden und mit Lauch, Süßkartoffeln, Schmor-Kaninchen und Sauce anrichten.

Spielwiese: Es gibt übrigens auch noch eine dritte Möglichkeit: Man kann die Keulen nur ca. 30 Minuten schmoren und dann nochmals kräftig anbraten und wie auf unserem Bild im Ganzen servieren.

FRISCHE MAISKÜCHLEIN MIT TOMATENSALSA

Für 2 Personen

2 frische Maiskolben

FÜR DEN TEIG:
3 Eier, getrennt
130 g Mehl
100 g Maisgrieß
etwas Milch
1 Prise Backpulver
Salz, weißer Pfeffer aus der Mühle
Butter zum Braten

FÜR DIE SALSA:
3 kleine Tomaten (Marinda!)
je ½ rote und gelbe Paprika
1 rote Chili
1 cm Ingwer
1 rote Zwiebel
Olivenöl
2 TL Sweet Chili Sauce
Saft von ½ Limette (oder etwas mehr)
Salz, schwarzer Pfeffer aus der Mühle

Ein supereinfaches, schönes Sommeressen, wie ich finde.

———

Die Maiskolben ohne Blätter in Salzwasser kochen, bis die Körnchen sonnengelb und knackig sind. Herausnehmen, abschrecken und etwas abkühlen lassen. Dann die Körner mit einem Messer vom Kolben lösen.

Alle Zutaten für den Teig bis auf das Eiweiß und die Butter zu einem glatten Teig verrühren und etwas ruhen lassen.

Für die Salsa die Tomaten fein würfeln. Die Paprikaschoten schälen (am besten mit einem einfachen Gemüseschäler) und ebenfalls fein würfeln. Die Chili halbieren, entkernen, sehr fein hacken, Ingwer und Zwiebel schälen und ebenfalls sehr fein hacken. Alle Zutaten zusammen mit Olivenöl, Sweet Chili Sauce und Limettensaft mischen und abschmecken. Die Salsa darf ruhig richtig scharf sein – die Maisküchlein sind mild genug!

Nun die Maiskörner unter den Teig heben. Das Eiweiß zu festem Schnee schlagen und ebenfalls unterheben. In einer Pfanne Butter zerlassen und die Küchlein portionsweise ausbacken. Auf dem Balkon, im Garten, auf der Terrasse oder sonstwo – Hauptsache im Sonnenschein – zusammen mit Tomatensalsa servieren.

———

Spielwiese: Man kann die gekochten Maiskolben auch einfach mit viel frischer Butter und Salz servieren. Dazu passt ein Salat aus Tomaten und viel Schnittlauch. Das machen wir auf dem Land immer so, wenn wir die Kolben direkt vom Feld holen.

FEINES GEMÜSEGULASCH MIT VANILLE & BUTTERKARTOFFELN

Für 2 Personen

500 g Brechbohnen, grüne Bohnen und Wachsbohnen – bunt gemischt

2 Karotten

1 gelbe Rübe

2 beliebig große Portionen festkochende Kartoffeln

3 Schalotten

1 Knoblauchzehe

½ Vanilleschote

1 EL Butter

2 EL Mehl

1–2 Streifen Zitronenschale

je 250 ml Milch und Gemüsesuppe

2 Zweige Thymian

Salz, schwarzer Pfeffer aus der Mühle, Cayennepfeffer

½ Bund Petersilie

2 EL Butter

Dieses Gulasch habe ich mit meinem Mann erst kürzlich in London gekocht, als wir beide sehr müde und sehr hungrig waren von viel Arbeit und Herumgereise. In seiner Küche haben wir ganz ruhig, mit schöner Musik vor uns hin gekocht und uns dazu einen herrlichen Küchenwein – einen Sancerre (einer meiner Lieblingsweine) – gegönnt. Das war Harmonie pur. Zwischen uns beiden und später auch auf dem Teller.

———

Während einer das Bohnenpotpourri wäscht und putzt und die Brechbohnen in schräge Streifen schneidet, schält der andere die Karotten und die gelbe Rübe und schneidet beides in schräge Scheiben.

Als Nächstes werden die Kartoffeln und ein zweiter Topf mit Salzwasser aufgesetzt. Kocht das Wasser, blanchiert einer das Gemüse jeweils ca. 2 Minuten einzeln darin. Mit den Karotten anfangen. Es folgen die Rüben und dann die Bohnen. Alle Gemüse mit einem Schaumlöffel oder Sieb herausfischen, abschrecken und gut abtropfen lassen.

Der andere schält inzwischen Schalotten und Knoblauch und hackt beides fein. Die Vanilleschote wird halbiert und das Mark ausgekratzt. In einem großen Topf wird 1 EL Butter zerlassen, die fein gehackten Lauchgewächse darin glasig gedünstet. Mit dem Mehl darüberstäuben und unter ständigem Rühren nussbraun rösten. Vanilleschote, Vanillemark und Zitronenschale unterrühren. Das sollte dann schon ganz gut duften. Nun gießt einer die Milch-Suppe-Mischung an, während der andere die Thymianzweiglein einwirft und fleißig rührt, bis eine sämige Sauce entsteht. Ein wenig blubbernd eindicken lassen. Mit den Gewürzen abschmecken.

Ein schneller kühler Schluck und ein kleiner Kuss über dem Vanilleduft, dann kommt das Gemüse in die Sauce. Alles gut durchmischen, nochmals abschmecken. Ein paar Minuten weiterköcheln lassen, bis die Kartoffeln im Wasser nebenan weich sind. Diese abschrecken und schälen. Das macht nicht besonders viel Spaß, deshalb macht man das am besten gemeinsam und gönnt sich dabei den nächsten Schluck.

Einer brät nun auf kleiner Flamme die Kartoffeln in Butter knusprig & goldbraun, während der andere die Petersilienblättchen von den Stängeln zupft und fein hackt. Die Kartoffeln zusammen mit dem sämigen Gulasch in tiefen Tellern anrichten und mit Petersilie bestreuen. Den restlichen Sancerre dazu trinken. Und alles ist gut.

WACHTELN MIT BRIOCHE-KARTOFFEL-GRATIN & KIRSCHKOMPOTT

Für 2 Personen

FÜR DAS GRATIN:

1 Briochekipferl (oder -hörnchen)

200–300 g Kartoffeln

1 haselnussgroßes Stück Butter

Salz, schwarzer Pfeffer aus der Mühle, frisch geriebene Muskatnuss

50–80 ml Schlagsahne

FÜR DIE SÜSSEN ZWIEBELN:

1 Bund Frühlingszwiebeln

1 EL Butter

1 EL Zucker

Johannisbeeressig

60 ml Weißwein

FÜR DAS KIRSCHKOMPOTT:

300 g Kirschen

3 EL Zucker

Saft von ½–1 Zitrone

1 Hauch getrocknete rote Chili

FÜR DIE WACHTELN:

2 Wachteln

2 Feigen

4 Knoblauchzehen

100 g Pancetta

2 EL Olivenöl

1 EL Butter

Backofen auf 180 °C (Ober- und Unterhitze) vorheizen. Das Briochekipferl in feine Scheiben schneiden, die Kartoffeln schälen und ebenfalls in feine Scheiben schneiden. Eine kleine Steingutform ausbuttern und abwechselnd Kipferl- und Kartoffelscheiben einschlichten. Die Schichten jeweils mit etwas Salz, Pfeffer und Muskat würzen. Mit Sahne übergießen. In den Ofen schieben und etwa 1 Stunde knusprig braun backen. Mit einem Spießchen testen, ob die Kartoffelscheiben weich sind.

In der Zwischenzeit die Zwiebeln zurechtputzen und halbieren. Die Butter in einem kleinen Topf zerlassen, den Zucker darin hell karamellisieren. Die Zwiebeln dazugeben und mit Karamell überziehen. Mit einem Schuss Johannisbeeressig und dem Wein ablöschen. Zugedeckt leise köcheln lassen, bis die Zwiebeln weich, aber nicht zerkocht sind. Warm halten.

Die Kirschen mit Zucker, Zitrone und 2-3 EL Wasser aufkochen und bei niedriger Hitze weich kochen. Mit einem Hauch Chili aromatisieren. Beiseite stellen.

Und jetzt kommen die Wachteln dran: Unter kaltem Wasser innen und außen abspülen und gut trocken tupfen. Nun die kleinen Vögel innen und außen salzen, pfeffern und mit den Feigen und je 2 geschälten Knoblauchzehen füllen. Mit Speckscheiben ummanteln und mit Küchengarn in Form binden. Das geht am besten zu zweit, weil die kleinen Dinger so leicht sind und gern wegrutschen und sich dann aus ihrem Speckmantel schälen. Am besten bei einem Beinchen beginnen. Das Küchengarn mit etwas Überstand daran festmachen. Dann schräg nach oben binden. Von hinten um ein Flügelchen herum zum anderen Beinchen kommen. Festbinden, sodass beide Beinchen eng am Körper anliegen. Das dauert beim Braten etwas länger, sieht aber hübscher aus.

In einer ofenfesten Pfanne Butter und Olivenöl erhitzen und die Wachteln von allen Seiten anbraten. Dann bei 180 °C für 15–20 Minuten zum Gratin in den Ofen schieben. Wer die kleinen Vögelchen eher durch mag, brät sie vielleicht sogar 25 Minuten. Alles gemeinsam hübsch anrichten. Das Gratin kann ruhig in seinem Steinguttöpfchen bleiben.

„Von allem etwas und von nichts zu viel",
wie Eckart Witzigmann seinerzeit seine Würzlogik
auf den Punkt brachte. Das ist übrigens auch
in der Liebe sinnvoll.

LAMMKOTELETTS ROYAL MIT ZWIEBEL & SALBEI

Für 2 Personen

2 weiße Gemüsezwiebeln

1 kleiner Bund frischer Salbei

3–5 Lammkoteletts pro Person, mit Knochen (aus der Krone), dünn geschnitten (etwa 1 cm)

6–7 EL Olivenöl

1 Zitrone

Salz, schwarzer Pfeffer aus der Mühle

Die Zwiebeln schälen und in feine Ringe schneiden. Die Salbeiblätter zupfen und in nicht zu dünne Streifen schneiden. Das geht am besten, indem man einige Salbeiblätter übereinanderlegt, etwas einrollt und dann schräg in Streifen schneidet. Die Lammkoteletts zusammen mit den geschnittenen Zwiebeln, Salbeiblättern und 2–3 EL Olivenöl in einen Gefrierbeutel sperren, damit sie sich besser kennenlernen. Die Luft so gut wie möglich herausdrücken und zubinden. Ein paar Stunden, besser über Nacht, marinieren.

Nach Ablauf der Zeit die Lammkoteletts herausnehmen und von Zwiebel und Salbei befreien. In einer Pfanne 2 EL Olivenöl erhitzen und darin die Zwiebel-Salbei-Mischung bei kleiner Hitze langsam knusprig braten. Langsam meint hier wirklich langsam – das dauert schon seine 15–20 Minuten. Wenn die Mischung fertig ist, aus der Pfanne nehmen und auf Küchenpapier abtropfen lassen.

Die Koteletts beidseitig salzen und pfeffern und in derselben Pfanne in den letzten beiden Esslöffeln Olivenöl maximal 2 Minuten pro Seite schön anbraten. Zusammen mit der hoffentlich knusprig gewordenen Zwiebel-Salbei-Mischung servieren. Und mit Zitronensaft beträufeln.

———

Spielwiese: Ich konnte mich einfach nicht entscheiden, was ich zu den Koteletts dazumachen sollte. Da wäre erstens das Couscous von S. 80. Oder zweitens Kartoffelpüree. Wie das geht, weiß jeder, das muss ich nicht erklären. Nur eines: Sparen Sie dabei nicht mit Butter! Oder drittens eine cremige Polenta. Für das Rezept von S. 91 etwas mehr Milch und Suppe nehmen, nicht füllen und nicht gratinieren.

MERGUEZ MIT COUSCOUS

Für 2 Personen

50 ml Crème fraîche
50 ml Saure Sahne
½ Bund Minze
Salz, schwarzer Pfeffer aus der Mühle
250 g Couscous
2 EL Olivenöl
2 TL Salz
2 walnussgroße Stücke Butter
½ Galiamelone, entkernt, geschält
2 kleine Gartengurken, entkernt, geschält
1–2 TL Harissa
2 Paar Merguez*
Öl zum Braten

*
Das sind scharf gewürzte maghrebinische Würste, meist aus einer Mischung von Lamm- und Rindfleisch.

Dieses Gericht hat ein paar Eigenschaften, die nicht nur auf dem Teller, sondern auch in einer Beziehung richtig viel Freude machen. Es ist einfach – also unkompliziert –, ein bisschen raffiniert, trotzdem klar und gar nicht langweilig. Die Geschmacksnuancen reichen von erdig, scharf über fruchtig bis hin zu milchig und frisch. Also wirklich, was könnte da noch fehlen?

———

Zuerst machen wir die Sauce. Crème fraîche und Saure Sahne glatt rühren und die fein gehackte Minze untermischen. Fein-mild abschmecken.

Jetzt machen wir das Couscous. Dafür 250 ml Wasser mit Olivenöl und Salz zum Kochen bringen. Couscous einrieseln lassen. Gut durchrühren. Von der Hitze nehmen und 3 Minuten quellen lassen. Dann die Butterstücke mit einer Gabel einarbeiten. Melone und Gurke in kleine Würfel schneiden und zusammen mit Harissa unter das Couscous mischen.

Die Merguez in einer Grillpfanne mit wenig Öl rundherum kräftig anbraten. Wer es deftig mag, kann das Bratfett vor dem Servieren unter das Couscous mischen.

LIEBE IST SCHÖN, MACHT ABER VIEL ARBEIT

Manchmal ist die Liebe so schön, dass wir denken, da muss doch eine höhere Macht ihre Finger im Spiel haben. Das einmalige Wunder, das allmächtige Schicksal, das uns zusammenführte, oder der launige Zufall, der sich einen Spaß mit uns erlaubte. Wir zwei – das geht aufs Konto der berühmten Himmelsmacht *(die Berge versetzt)* – so schön ist das.

Ich sag's gleich rundheraus – ich glaube das nicht!

Das Schicksal zeigt nicht mit bedeutungsschwerer Geste auf uns und sagt: „Ihr beiden da unten, ihr seid füreinander bestimmt!" Und bumms – schon leben diese zwei Menschen glücklich bis an ihr Lebensende. So ist das nicht – und so würde ich das auch nicht haben wollen. Die Geschichte mit zweien, die sich lieben, ist viel wundersamer.

Es sind immer nur die Liebenden, die einander plötzlich gegenüberstehen und sagen: Du gefällst mir, mit dir will ich zusammen sein, vielleicht sogar bis ich alt und grau bin. Wir machen das. Wir, die wir uns lieben.

Die Wunderkräfte, die frechen Kerle, die vielleicht anfangs einen winzigen Moment ihre Finger im Spiel hatten, haben sich längst verzogen und treiben irgendwo anders ihren Schabernack. Wir zwei (oder drei oder vier) stehen nun da, im Rampenlicht unseres Lebens, das oftmals auch fahl und nüchtern leuchtet. Jeden Tag dürfen wir uns nun ausdenken, wie wir uns lieben wollen, wieder und immer wieder. Wenn wir wollen, dass es klappt und wir zusammenbleiben möchten. Liebe muss nicht ewig sein, aber sie kann und darf es. Zumindest für die Zeit ihrer Dauer sollte sie so schön wie möglich sein.

Was dabei herauskommt, wenn wir uns mit der Liebe Mühe geben, das gehört dann tatsächlich uns und sonst niemandem. Wir bekommen nämlich genau die Liebe, die wir verdienen, und die, die wir uns ausdenken und leben.

Schön ist sie, die Liebe, aber sie macht viel Arbeit, damit sie so bleibt. Sie ist eine Mischung aus (ein wenig) Schicksal und (klaren) Entscheidungen, aus (etwas) Glück und (sehr viel) Bemühen. Daran müssen wir uns gewöhnen!

RAVIOLI MIT ERBSEN-ZIEGENKÄSE-FÜLLUNG & SARDELLENBUTTER

Für 2 Personen

FÜR DEN NUDELTEIG:

200 g Weizenmehl
1 kräftige Prise Salz
2 Eier
1–2 TL Olivenöl
etwas kaltes Wasser

FÜR DIE FÜLLUNG:

50 g aufgetaute TK-Erbsen oder frische, dann blanchiert
50 g Ziegenfrischkäse
2 TL Pesto Genovese
Salz und schwarzer Pfeffer aus der Mühle

ZUM SCHWENKEN:

4 Sardellenfilets
1 EL Butter
2–4 EL Parmesan, gerieben
ein paar Erbsen für die Garnitur

Diese Ravioli haben Stefan und Alex, liebe Freunde von mir, bei einem unserer regelmäßigen gemeinsamen Kochsamstage gekocht. Wir haben uns vor vielen Jahren in der warmen Geborgenheit eines Geburtsvorbereitungskurses mit dicken Bäuchen kennengelernt – einer aufregenden Zukunft entgegenfiebernd. Unsere beiden Mädchen sind inzwischen zu jungen Frauen herangewachsen und sitzen im Nebenzimmer. Erst wenn das Essen auf den Tisch kommt, gesellen sie sich wieder zu uns. Die Küche ist aufgeheizt, der Champagner ist kalt und der Tisch gedeckt. Das Leben ist immer wieder ein Wunder an Schönheit.*

———

Mehl und Salz vermischen. Die Eier verquirlen und nach und nach zum Mehl geben. Unter Zugabe von Olivenöl, sehr wenig Wasser, viel Muskelkraft und Geduld einen glatten Teig kneten. Anfangs glaubt man, das kann nie funktionieren, aber mit der Zeit verbinden sich die Zutaten dann doch. Der Teig bleibt aber fest – das ist richtig so. Etwa 1–2 Stunden ruhen lassen.

Für die Füllung alle Zutaten miteinander vermischen und abschmecken. Ja, so einfach ist das manchmal.

Nun den Teig aufwecken. Dafür kräftig durchkneten, halbieren und am besten mithilfe einer Nudelmaschine zu zwei etwa 2 mm dicken Teigbändern ausrollen. Auf eines davon in regelmäßigen Abständen und in Zweierreihen mit einem Löffel kleine Häufchen der Füllung setzen. Das andere Teigband darüberlegen und die beiden Teigbänder gut aneinander festdrücken, auch zwischen den Häufchen. Dann mit einem Teigrad Ravioli ausradeln und an den Rändern gut festdrücken. Eine Pfanne mit Wasser aufsetzen, salzen und zum Kochen bringen. Die Ravioli einlegen und maximal 3 Minuten wallend kochen. In einem Topf schwimmen sie verloren herum und könnten dabei kaputt gehen.

Gleichzeitig in einer anderen Pfanne die Sardellenfilets in Butter schmelzen. Die Ravioli mit einer Schaumkelle aus dem Wasser heben, abtropfen und in der Sardellenbutter schwenken. Zusammen mit ein paar Erbsen und Parmesan servieren.

*
Falls jetzt jemand glaubt, ich hätte an meinem Schreibtisch schon etwas Schreibchampagner getrunken und sähe die Welt durch die Rosébrille, dem sei gesagt: Ich weiß, dass solche Momente selten sind und hinter jeder Ecke schon die nächste Aufregung lauert. Und gerade weil ich das weiß, gebe ich mich der Romantik solcher Momente völlig ohne Scham in den allervollsten Zügen ganz uneingeschränkt hin. So.

WHEN PAPA WAS JESUS.
BIRNEN, BOHNEN & SPECK

Für 2 Personen

400 g breite grüne Bohnen oder Brechbohnen

125 g durchwachsener Räucherspeck im Ganzen

1 kleiner Bund Bohnenkraut

3–4 kleine Birnen, am besten Bergamotte, wenn Sie die bekommen

gehackte Petersilie zum Bestreuen

Salz, schwarzer Pfeffer aus der Mühle

Hamburg spielt in meinem Leben eine wichtige Rolle. Das erste Mal von zu Hause fort habe ich dort Kunst studiert und zum ersten Mal die Kraft des selbstständigen Denkens kennengelernt. Einige meiner größten Lieben und besten Freunde kommen aus dem hohen Norden. Wie mein Vater, der alte Schwerenöter, Choleriker, Geschichtenerzähler und theatralische Angeber, der einmal nackt durch unseren Kleingarten lief und zur Verwunderung unserer Nachbarn laut „Ich bin Jesus!" rief. Der begnadete Alleinunterhalter, die Bücherratte, der Zigarillofan und rasante Porschefahrer. Die Beziehung zu ihm war eine meiner schwierigsten Liebesbeziehungen, die glücklicherweise nach vielem Hadern und vielen Stunden bei begabten und weniger begabten Therapeuten auf den letzten Metern doch noch eine Liebesgeschichte wurde. So, lieber Papa, alte Tröte, das ist für dich!*

———

Die Bohnen putzen. Den Speck rundum gut pfeffern und in fingerdicke Stücke schneiden. Beides mit dem Bohnenkraut in einem Topf knapp mit Wasser bedecken, leicht salzen und weich kochen. Kurz bevor die Bohnen weich sind, die halbierten und entkernten Birnen auf die Bohnen legen und weich ziehen lassen. In einer vorgewärmten flachen Schüssel servieren, in der Mitte die Bohnen, darauf die Birnen und den Speck. Mit gehackter Petersilie bestreuen.

Wer mag, serviert dazu neue Kartoffeln: In der Schale kochen, schälen und die Bohnen in ihrer Schüssel damit umkränzen.

*
Zu diesem Thema sollten Sie unbedingt die Bücher von Joachim Meyerhoff oder „Das Scheißleben meines Vaters, das Scheißleben meiner Mutter und meine eigene Scheißjugend" von Andreas Altmann lesen. Die sind alle sehr schön.

LIEBE IST WIE MATJES, GANZ KLASSISCH

Für 2 Personen

2 doppelte Matjesfilets
1 Gewürzmatjes oder Sherry-Matjes
1 kleine Zwiebel
1 süß-säuerlicher Apfel
2 Gewürzgurken
2 TL Senfkörner
2 Lorbeerblätter
300 ml Saure Sahne
Salz, schwarzer Pfeffer aus der Mühle

Sagen Sie jetzt bitte nicht: „Was hat denn so ein Gericht in einem Buch über Liebe zu suchen?" Ich finde, es ist eine nahezu perfekte Allegorie auf die Liebe! Da wäre zum einen die milchige Saure Sahne, die das Gericht umspielt. So wünschen wir uns in unserem Leben von Liebe umgeben zu sein. Dazwischen begegnet uns der Hering mit seiner salzigen Heftigkeit. Ähnlich heftig erwischt uns die Liebe manchmal. Dazu gesellt sich der süßliche Geschmack des Apfels. Das Symbol für Erkenntnis und Sünde schlechthin, ohne die es die Liebe gar nicht gäbe. Denn erkennen müssen wir einander, um uns zu lieben. Und dass es in der Liebe manchmal zu kleinen Sündenfällen oder gar zu Vertreibungen aus dem Paradies kommt, wissen wir alle. Mittendrin treffen wir dann noch auf die Zwiebel, für mich die Urmutter der Gewürze. Sie verleiht der Liebe die richtige Würze. Zu guter Letzt haben wir noch die fermentierte Gewürzgurke, die für die Kunst steht, das Geschenk der Liebe lange zu erhalten. Also ist das nun ein Liebesgericht oder nicht?

———

Alle Matjesfilets in mundgerechte Stücke schneiden. Die Zwiebel schälen, halbieren und in feine Ringe schneiden. Den Apfel vierteln, entkernen und ebenfalls in feine Stücke schneiden. Die Gewürzgurken würfeln. Nun abwechselnd Matjes, Zwiebel, Apfel, Gewürzgurken, Senfkörner und Lorbeerblätter in eine Steingutschüssel schichten, mit Saurer Sahne übergießen und ein paar Stunden (oder über Nacht) ziehen lassen. Vor dem Servieren durchmischen und gut abschmecken. Dazu passt die gute alte, einfache Salzkartoffel.

———

Spielwiese: Manch einer serviert den Matjeshering auch im Ganzen und macht aus den restlichen Zutaten eine würzige Sahnesauce. Das fühlt sich dann mehr wie ein richtiges Essen an. Falls Sie den Matjessalat als Vorspeise machen wollen, dann nehmen sie nur ein Einzelfilet pro Person und servieren Weißbrot dazu. Auch prima!

GEFÜLLTE POLENTAKÜCHLEIN MIT BASILIKUMSAUCE

Für 2 Personen

FÜR DIE POLENTA:

300 ml Milch

400 ml Gemüsesuppe

1 EL Butter

125 g Polenta

Salz, schwarzer Pfeffer aus der Mühle, Muskat

2 EL würziger Hartkäse oder Parmesan, gerieben

2 EL Sahne, geschlagen

FÜR DIE FÜLLUNG:

80 g Lardo, dünn geschnitten

1 Zucchini

½ Aubergine

je ½ gelbe und rote Paprika, geschält

1 Zwiebel

1–2 Knoblauchzehen

1 EL Olivenöl

2 TL Tomatenmark

1 Schuss Weißwein

1–2 Zweige Thymian

Salz, schwarzer Pfeffer aus der Mühle

Das ist viel Arbeit. Ich sag's gleich.

———

Die Milch-Suppe-Mischung mit der Butter in einem Topf zum Kochen bringen. Die Polenta einrieseln lassen und auf kleiner Flamme ca. 40 Minuten unter ständigem Rühren kochen.

Für die Füllung Lardo, Gemüse, Zwiebel und Knoblauch in feine Würfel schneiden. In einer Pfanne das Olivenöl erhitzen, Lardo, Zwiebel und Knoblauch darin anschwitzen. Das Tomatenmark dazugeben und kurz mitrösten. Nun alle bunten Gemüsewürfel hinzufügen und resch anrösten. Mit Weißwein ablöschen und einkochen lassen. Mit Thymian, Salz und Pfeffer kräftig würzen. Mit aufgelegtem Deckel unter Zugabe von etwas Wasser weich dünsten. Thymianzweiglein herausnehmen und den Pfanneninhalt mit dem Stabmixer grob pürieren.

Die Hälfte der Polenta in gebutterte kleine Auflaufformen streichen. Die Gemüsefarce darauf verteilen. Die restliche Polenta darüberstreichen. Mit Käse bestreuen und mit der geschlagenen Sahne toppen. Im Ofen mit Grillfunktion gratinieren, bis die Oberfläche schön bräunt. Das dauert ca. 3–4 Minuten.

▷ Bitte umblättern

FÜR DIE SAUCE:

1 Schalotte
1 TL Butter
50 ml Weißwein
100 ml Gemüsesuppe
100 ml Schlagsahne
1 EL Crème fraîche
1 kleiner Bund Basilikum
Salz, Pfeffer, Cayennepfeffer
etwas Zitronensaft
2 EL Sahne, geschlagen
1 EL Pinienkerne, trocken geröstet
etwas Bio-Zitronenschale

In der Zwischenzeit die Schalotte hacken und in Butter anschwitzen, mit Weißwein ablöschen und vollständig einkochen. Nun Suppe, Sahne und Crème fraîche dazugeben. Leise köcheln lassen, bis die Sauce zur gewünschten Konsistenz eindickt. Durch ein Sieb streichen und zurück in den Topf geben. Das Basilikum von den Stängeln zupfen, fein hacken und zur Sauce geben. Mit Salz, Pfeffer, Cayenne und evtl. etwas Zitronensaft abschmecken. Mit dem Stabmixer pürieren und ganz zum Schluss die geschlagene Sahne unterziehen. Zusammen mit der Polenta und den Pinienkernen servieren. Frische Zitronenschale darüberreiben.

Wenn es die Küchlein zu Mittag gibt, mache ich dazu gern einen frischen grünen Salat mit einem Dressing aus Olivenöl, Zitronensaft, Salz und weißem Pfeffer.

LIEBE GEHT
DURCH DEN MAGEN

Soll ich Ihnen mal was sagen? Das stimmt!
Liebe braucht ein liebevolles Umfeld, damit sie erblühen und gedeihen kann. Sie baucht Aufmerksamkeit, damit sie bedeutend wird, und dazu gehören – für mich zumindest – auch gutes Essen und gute Getränke.

LAUWARME SOMMERNUDELN MIT TOMATEN & CHILI

Für 2 Personen

200 g Spaghettini (Nr. 3)

½–1 Knoblauchzehe, ganz frisch

2–3 getrocknete Peperoncini

50 ml von Ihrem Lieblingsolivenöl

Meersalz, schwarzer Pfeffer aus der Mühle

200 g sehr reife Tomaten, am besten Marinda, eine alte sizilianische Sorte, die fantastisch schmeckt

2–3 Bocconcini di bufala oder anderer Büffelmozzarella, je nach Größe

½ Bund Basilikum (optional – ich mag's lieber pur)

Diese Nudeln schmecken an einem heißen Sommertag im Garten unter dem Nussbaum am besten. Besonders wenn Ihnen dabei jemand gegenübersitzt, den sie lieben.

Falls Sie es snobistisch von mir finden, in diesem Gericht auf allerlei besondere Zutaten zu bestehen, dann antworte ich mit Marco Pierre White, meinem ersten Küchenhelden. In den 80ern war ich heimlich in ihn verliebt. Er sah toll und wild und Rock-'n'-Roll-mäßig aus und sagte so kluge Dinge wie: „Buy the best for this dish, because (the ingredients) serve themselves. You're not doing anything to them – it's just an assembly job. The art is their art, it's in the ingredients."

―――

Zuallererst wirklich reichlich Wasser aufsetzen. Kräftig salzen – und ich meine wirklich kräftig: Wenn Sie kosten, sollten Sie sofort an das Meer denken müssen.* Bis es kocht, den Knoblauch schälen und sehr fein hacken. Die Peperoncini ebenfalls fein hacken. Zusammen mit Olivenöl, Salz und Pfeffer in einer Schüssel mit einer Gabel sämig aufschlagen. Die Tomaten und die Bocconcini würfeln. Beides unter die Sauce heben. Inzwischen sollte das Wasser kochen. Die Nudeln darin al dente kochen – Bitte wirklich al dente, sonst schmeckt das nicht! –, abseihen, kurz abschrecken. Nudeln zur Tomatensauce geben und gut durchmischen. Wer Basilikum dazugibt, schneidet es in hauchfeine Streifen und bestreut die Nudeln damit. Gleich servieren.

―――

Spielwiese: Wer es etwas gehaltvoller mag, kann noch geröstete Pinienkerne dazugeben oder Parmesanhobel oder kleine knusprige Weißbrotcroûtons.

*

Es gilt die 1 : 10 : 100-Regel: 1 l Wasser – 10 g Salz – 100 g Nudeln

FLEISCHBÄLLCHEN MIT SCHMORGURKEN & STEINPILZEN

Für 2 Personen

1 Feldgurke

50 g getrocknete Steinpilze

1 altbackenes Brötchen vom Vortag

1 kleine Zwiebel

300 g gemischtes Hackfleisch, beim Fleischer frisch durch den Fleischwolf drehen lassen, im Verhältnis 40:60 zugunsten des Schweinchens

1 Ei

Salz, schwarzer Pfeffer aus der Mühle, Muskat

1–2 EL Butterschmalz

2 Schalotten, fein gehackt

100 ml Rotwein

200 g Crème fraîche

1 EL Butterschmalz

1 Bund Dill, gehackt

½ TL rote Pfefferbeeren

Zuerst einmal die Feldgurke schälen, entkernen und in 2–3 mm dicke Scheiben schneiden. In einem Sieb einsalzen und ziehen lassen. Die Pilze in etwa 180 ml lauwarmem Wasser einweichen, zudecken. Das Brötchen in kaltem Wasser einweichen.

Die Zwiebel schälen und fein würfeln. Das Hackfleisch mit dem ausgedrückten Brötchen, Zwiebeln und Ei zu einer homogenen Masse mischen. Mit Salz, Pfeffer und Muskat kräftig abschmecken. Aus der Fleischmasse Bällchen in Ping-Pong-Ball-Größe formen. In Butterschmalz bei mittlerer Hitze braten – das dauert ca. 8–10 Minuten.

In derselben Pfanne die Schalotten anbraten, die Steinpilze samt Einweichwasser dazugeben. Mit Rotwein aufgießen und zugedeckt bei mittlerer Hitze ca. 12 Minuten köcheln lassen. Dann die Crème fraîche untermischen und weitere 8–10 Minuten köcheln lassen, bis die Sauce etwas eindickt. Mit Salz und Pfeffer abschmecken.

Die abgetropften Gurkenscheiben in Butterschmalz glasig dünsten. Gurken, Dill, Fleischbällchen und Steinpilzsauce abwechselnd in einen Schmortopf schichten und im vorgeheizten Backofen bei 220 °C ca. eine Viertelstunde – das sind 15 Minuten – durchziehen lassen. Im Topf oder in Schüsseln und mit ein paar roten Pfefferbeeren angerichtet servieren.

MORCHELRAGOUT MIT FRÜHLINGSGEMÜSE & BRAUNER BUTTER

Für 2 Personen

FÜR DEN NUDELTEIG:

100 g Mehl
1 kräftige Prise Salz
1 Ei
1–2 TL Olivenöl
etwas kaltes Wasser (optional)

FÜR DAS RAGOUT:

150 g frische Morcheln oder 15 g getrocknete
1 Frühlingszwiebel
2–3 TL Butter
50 ml Weißwein
1 Schuss Cognac
100 ml Gemüsesuppe oder Einweichwasser der Pilze
100 ml Schlagsahne
Salz, Pfeffer, Cayennepfeffer

FÜR DAS GEMÜSE:

je ein paar Karotten, grüne oder weiße Spargelstangen, Zuckerschoten, kleine Maiskolben
1 Handvoll frische grüne Erbsen
1 TL Butter
1–2 EL Kerbel, gehackt

Das Mehl mit dem Salz vermischen. Das Ei verquirlen und nach und nach zum Mehl geben. Unter Zugabe von Olivenöl, sehr wenig Wasser, viel Muskelkraft und Geduld einen glatten Teig kneten. Anfangs glaubt man, das kann nie funktionieren, aber mit der Zeit verbinden sich die Zutaten doch. Der Teig bleibt fest – das ist richtig so. Etwa 1–2 Stunden ruhen lassen.

Getrocknete Morcheln ca. 15 Minuten in wenig Wasser einweichen. Danach ausdrücken und in Streifen schneiden. Frische Morcheln bedürfen beim Putzen unserer vollen Aufmerksamkeit. Man muss die vielen geheimnisvollen Fältchen unter fließendem Wasser gut säubern. Sand im Morchelragout schmeckt nämlich nicht gut. Die Pilze in mundgerechte Stücke, aber nicht zu klein schneiden. Die Frühlingszwiebel sehr fein hacken. In der Butter anschwitzen. Die Morcheln dazugeben und etwas anbraten. Mit Weißwein und Cognac ablöschen und die Gemüsesuppe (oder das Pilzwasser) angießen. Auf die Hälfte einkochen. Dann die Schlagsahne dazugeben und die Sauce leise vor sich hinköcheln lassen, bis sie eindickt. Nun mit Salz, Pfeffer und Cayenne abschmecken.

Alle Gemüse waschen, putzen und einzeln blanchieren. Das macht ein bisschen Arbeit, ist aber wichtig, damit jedes seinen eigenen Geschmack behält.

Nun den Teig aufwecken und kräftig durchkneten. Halbieren und auf einer bemehlten Arbeitsfläche etwa 2 mm dick ausrollen. Zwei etwa 10 x 10 cm große Teigquadrate ausschneiden. Den restlichen Teig zu Nudeln verarbeiten und trocknen. In einer Pfanne (nicht in einem Topf) Wasser aufsetzen, salzen und zum Kochen bringen. Die Teigblätter einlegen und 2–3 Minuten wallend bissfest kochen. Abseihen und abschrecken.

In einer Pfanne 1 TL Butter bräunen und die Teigblätter darin schwenken. In einer anderen das Gemüse in 1 TL Butter warm schwenken. Das Morchelragout auf tiefe Teller verteilen. Das Frühlingsgemüse hübsch darauf anrichten. Mit je einem Nudelblatt zudecken, mit brauner Butter beträufeln und mit Kerbel bestreuen.

VERLOREN GEGLAUBTER OFENFISCH

Für 2 Personen

500 g weiße Fischfilets, z.B. Heilbutt

FÜR DIE SAUCE:

200 g gute Tomaten aus der Dose, gehackt mit Saft

1–2 Knoblauchzehen, fein gehackt

1 Handvoll Petersilie, grob gehackt

Saft von 1 Zitrone

2 Stangen Staudensellerie

1 TL Zucker

Salz, Pfeffer aus der Mühle

2 EL Olivenöl

Diesen herrlichen Fisch gab's bei uns am Weihnachtsabend. Ich verbinde damit nur Gutes. Leider ging das Rezept mit dem Tod meiner Mutter unwiederbringlich verloren. Sie können sich also meine Freude vorstellen, als ich es eines schönen Tages wiederfand. Im wunderbaren Kochbuch „Die Welt in meiner Küche" von Tessa Kiros. Was für ein Geschenk! Eines sei hier mal laut und deutlich gesagt: Danke, Mama, danke, Tessa!

Backofen auf 180 °C (Ober- und Unterhitze) vorheizen. Die Fischfilets in etwa 6 cm große Stücke schneiden und in eine große oder zwei kleine Auflaufformen legen.* Sie sollten nicht übereinanderliegen. Sellerie in feine Würfel schneiden. Alle Zutaten für die Sauce in einer Schüssel gut miteinander vermischen, mit Zucker, Salz und Pfeffer abschmecken.

Die Sauce über den Fisch gießen, sodass er komplett bedeckt ist. Mit Alufolie bedecken und 30 Minuten backen. Folie entfernen, Ofentemperatur auf 200 °C erhöhen und weitere 40–50 Minuten backen, bis die Flüssigkeit eindickt und der Fisch bzw. die Sauce stellenweise ein wenig krustig wird.** Schmeckt warm, lauwarm und sogar kalt mit knusprigem Weißbrot richtig himmlisch.

*
Die Förmchen von unserem Bild sind eigentlich nicht ideal. Je flacher der Fisch liegt, desto besser wird er nämlich. Aber sie waren so hübsch, die beiden, da konnte ich nicht widerstehen.

**
Wenn zu viel Flüssigkeit entsteht, können Sie diese vorsichtig abschöpfen und auf dem Herd in einem Extratopf reduzieren und später beim Anrichten über den Fisch gießen.

FRANKFURTER GRÜNE SAUCE MIT JUNGEN KARTOFFELN UND SÜSSEM CHAMPAGNER

Für 2 Personen

400–500 g neue Kartoffeln

3 EL gemischte Kräuter, zumindest fünf verschiedene – eigentlich sieben, gehackt

etwa: Estragon, Kresse, Dill, Kerbel, Petersilie, Schnittlauch, Sauerampfer, Borretsch, Pimpinelle

250 ml Saure Sahne

2 EL Joghurt

2 EL Mayonnaise

1 kleine Zwiebel, sehr fein gehackt

2 Eier, hart gekocht

Salz, weißer Pfeffer aus der Mühle

Südfrankreich, März 1982. Mein damaliger Liebster und ich verbringen unsere Ferien in einem verschlafenen Bergdörfchen in den französischen Seealpen. Ganz untypisch für Gegend und Jahreszeit ist es unerfreulich kalt. Um uns bei Laune zu halten, widmen wir uns – in dicke Pullover gehüllt – ausschließlich gutem Essen und Trinken. Eines Tages entdecken wir auf dem Dorfmarkt frische Kräuter und junge Kartoffeln. Daraus wollen wir Frankfurter Grüne Sauce machen, die ich bis dahin noch nicht gegessen habe. Dazu soll es Champagner geben.

Am Abend kommen die jungen Kartoffeln ungeschält und dampfend mit der frischen Sauce auf den Tisch. Als wir die Flasche in freudiger Erwartung öffnen, bemerken wir die Aufschrift: Demisec! Irgendwie läuft alles schief in diesen Ferien. Halbsüßer Champagner, wer will denn so was trinken? Draußen ist es kalt und mittlerweile stockdunkel – zu spät, um neuen zu besorgen. Was bleibt uns anderes übrig: Wir füllen unsere Gläser. Und erleben ein kleines Wunder.

Der nussige Geschmack der Kartoffeln und die herb-milchigen Kräuteraromen zum süßen Prickeln des Champagners – wir hätten es uns nicht besser ausdenken können. Probieren Sie's, sofern Sie irgendwo halbsüßen Champagner finden. Das ist gar nicht so leicht.

———

Die Kartoffeln mit einer Bürste abreiben. Weich kochen. Währenddessen: Alle Kräuter putzen, zupfen und fein hacken. Vorzugsweise von Hand, das schmeckt wirklich am besten! Mit Saurer Sahne und Zwiebeln vermischen. Ganz zum Schluss die fein gehackten Eier untermischen. Abschmecken. Die Kartoffeln mit der Schale zur Sauce servieren.

———

Übrigens: Da man bei uns kaum fertig zusammengestellte Kräutersträuße für Frankfurter Grüne Sauce bekommt, bleibt von den Kräutern immer eine Menge übrig. Daraus lässt sich im Handumdrehen ein feines Kräutersüppchen machen: Schwitzen Sie die Hälfte der restlichen Kräuter zusammen mit einer gehackten Schalotte in Butter an, gießen Sie mit Gemüsesuppe auf und lassen Sie alles einmal aufwallen. Dann pürieren Sie mit den restlichen frischen Kräutern und einem kleinen Schuss Sahne. Oder Sie machen das Omelett von S. 20. Sie können auch Olivenöl, Essig oder Fruchtsäfte (z.B. Apfel mit Basilikum oder Birne mit Estragon) damit aromatisieren. Nur nicht wegwerfen!

GRÜNKOHL-PANCAKES MIT SPECK

Für 2 Personen

HAUPTSPEISEN

250 g Grünkohl
1 Zwiebel
1 Knoblauchzehe
2 EL Olivenöl
Salz, schwarzer Pfeffer aus der Mühle
1 Schuss Weißwein
1 Handvoll TK-Erbsen
4–6 Scheiben Frühstücksspeck

FÜR DIE FLAUMIGEN PANCAKES:

100–120 g Mehl
1 TL Natron
125 ml Milch
1 Ei
3 EL Öl, plus Öl zum Braten
1 EL Crème fraîche

Gemeinsames Kochen ist etwas Wunderbares. Man muss nur a) darauf achtgeben, das Gericht mit dem richtigen Schwierigkeitsgrad für den Mitkochenden auszusuchen, und b) darf der geübtere Koch es den ungeübteren nie spüren lassen. Das hier ist ein Gericht, das Sie ohne Frustgefahr auch mit ungeübten Köchen zubereiten können.

Wenn ich mit meiner Tochter koche, verrichte ich den Löwenanteil der niederen Küchenarbeiten. Das heißt vor allem: Grünkohl putzen, Zwiebel und Knoblauch schneiden. Mir ist es wichtig, dass meine Tochter das Vergnügen hat, sich beim Kochen wie eine echte Chefköchin zu fühlen, für die alles bereitsteht. Zu viel Geschnippel verdirbt besonders jungen Köchen schnell die Laune. Stehe ich mit meinem Mann in der Küche, der ein wirklich guter Koch ist, dann geht es ziemlich basisdemokratisch zu. Alle beide machen alles. Manchmal macht auch einer was, ohne den anderen zu fragen. Komischerweise passt es am Ende doch immer zusammen.

———

Die Grünkohlblätter putzen, die dicken Teile entfernen und die Blätter klein schneiden. Zwiebel und Knoblauch schälen und fein hacken. In einer Pfanne das Olivenöl erhitzen. Zwiebel darin glasig dünsten, dann den Knoblauch dazugeben und etwa 1 Minute mitdünsten. Nun darf der Grünkohl mit in die warme Pfanne. Alles gut durchmischen und den Grünkohl an der Wärme zusammenfallen lassen. Kräftig würzen, dann mit einem beherzten Schuss Weißwein ablöschen. Einen Deckel auflegen und 2–3 Minuten bissfest dünsten. Ganz zum Schluss die Erbsen dazugeben. Ein paar für die Garnitur aufheben. Die Masse abkühlen lassen.

Für die Pancakes Mehl und Natron vermischen. Milch, Ei und Öl sorgfältig verquirlen und unter die Mehlmischung rühren, bis ein glatter Teig entsteht. Grünkohl unterheben. Eventuell noch etwas Mehl hinzufügen, falls der Teig zu flüssig wird. Die Pancakes bei mittlerer Hitze (dann gehen sie schön auf) ausbacken. In einer zweiten Pfanne die Speckstreifen ohne Fett knusprig braten. Pancakes mit Speck, Crème fraîche und den kleinen grünen Erbsen anrichten. Ein etwas bitterer Endiviensalat macht sich zu diesen Pancakes übrigens hervorragend!

———

Spielwiese: Wer mag, kann auch noch ein wenig Ahornsirup mit Chili statt der Crème fraîche dazu reichen. Auch eine würzige Muskatbutter würde sich gut machen. Dafür Butter mit Muskatnuss, etwas Salz und Cayennepfeffer würzen. Auf den warmen Pancakes zerfließen lassen. Schmeckt sicher gut – habe ich aber noch nicht ausprobiert.

OHNE BEDINGUNG

Am meisten habe ich durch meine Tochter über die Liebe gelernt. Das Bedingungslose an der Liebe zum eigenen Kind hat mich überrumpelt und tief beeindruckt. Stellen Sie sich vor, wir könnten mehr Menschen auf der Welt so bedingungslos und verlässlich lieben wie unsere Kinder!

GESCHMORTE KALBSVÖGERL MIT SCHUPFNUDELN & SPECKWIRSING

Für 2 Personen*

FÜR DIE KALBSVÖGERL:

- 1 kg Kalbsvögerl, geschnitten, aus der hinteren Wade
- 2 EL Butterschmalz
- 200 g Suppengemüse, fein gewürfelt
- 2 Knoblauchzehen
- 1 EL Tomatenmark
- 300 ml guter Rotwein
- 500 ml Gemüsesuppe oder Kalbsfond
- 1 Lorbeerblatt
- 1 TL Pimentkörner
- etwas Kartoffelstärke (optional)

Für dieses – wie für alle anderen Gerichte in diesem Buch auch – gibt es mehrere Möglichkeiten, die gemeinsame Küchenarbeit zu machen und dabei eine gute Zeit zu verbringen. Das Küchenachterl spielt dabei jedoch für alle Beteiligten eine große Rolle. Was immer Sie im Glas bevorzugen, ob Wein, Bier, Sprudeliges, Alkoholfreies oder etwas Würziges wie den Cynar (siehe S. 199), ist egal, da möchte ich mich keinesfalls einmischen. Hauptsache, Sie schenken sich und Ihren Mitköchen und -innen was Gutes ein.

In einem Schmortopf die Kalbsvögerl von allen Seiten in Butterschmalz anbraten. Herausnehmen. In derselben Pfanne das Suppengemüse und den Knoblauch kräftig anrösten, das Tomatenmark dazugeben und kurz mitrösten. Mit ca. einem Viertel des Weins ablöschen und einkochen lassen, den Vorgang so oft wiederholen, bis der Wein aufgebraucht ist. Je öfter, desto schöner wird die Farbe der Sauce. Das Fleisch wieder einlegen und mit Suppe aufgießen. Gewürze hinzufügen. Zugedeckt bei kleiner Flamme (oder im Ofen bei 180 °C) 2 Stunden schmoren. Wer mag, kann die Sauce passieren. Ich mag das Gemüse aber gerne und lasse es drin. Falls nötig, mit etwas Kartoffelstärke** binden.

*

Ich mache bei diesem Rezept immer mehr als 2 Portionen. So schmeckt es einfach besser und das Gericht lässt sich auch beim Schmorvorgang besser handhaben. Der Rest wird einfach eingefroren. Dann können Sie es an einem Tag, an dem Sie etwas Trost nötig haben, einfach aus den kühlen Tiefen des Gefrierschranks herausholen. So ein mollig warmes Schmorgericht ist immer Gold wert, aber an manchen Tagen ist es sogar lebensrettend.

**

In etwas Wasser anrühren und dann erst in die Sauce geben.

Bitte umblättern

FÜR DIE SCHUPFNUDELN:

250 g mehlige Kartoffeln, am Vortag gekocht und geschält

1 Eigelb

80 g griffiges Mehl (in Deutschland Type 1050)

1 EL Quark

2 EL Butter

FÜR DEN WIRSING:

1 kleiner Wirsing

2 EL Butterschmalz

200 ml Schlagsahne

1 kleine Zwiebel, fein gehackt

2 EL Speck in kleinen Würfeln

Salz, schwarzer Pfeffer aus der Mühle, Muskat

etwas Zitronenabrieb zum Servieren

Für die Schupfnudeln die Kartoffeln durch die Presse drücken und mit allen Zutaten bis auf die Butter zu einem glatten Teig verarbeiten. In Frischhaltefolie einschlagen und 30 Minuten ruhen lassen. Auf einer bemehlten Arbeitsfläche portionsweise zu Rollen von ca. 3 cm Durchmesser formen. Davon fingerbreite Stücke abschneiden und diese direkt auf der Arbeitsfläche mit horizontal winkenden Handbewegungen zu Schupfnudeln rollen. In einem großen Topf Wasser zum Kochen bringen. Die Nudeln einlegen und die Hitze reduzieren. Nur schwach simmernd gar ziehen lassen. Die Schupfnudeln sind fertig, wenn sie an die Oberfläche steigen. Behutsam herausfischen, abschrecken und abtropfen. In einer Pfanne von allen Seiten in Butter goldgelb anbraten.

Äußere Blätter vom Wirsing entfernen. Den Wirsing halbieren, den Strunk herausschneiden und die Blätter ablösen. Blätter in kochendem Salzwasser blanchieren und mit wirklich kaltem Wasser abschrecken, damit sie ihre schöne Farbe behalten und nicht weitergaren. Die dicken Blattrippen herausschneiden. Blätter in breite Streifen schneiden. In einer Pfanne das Butterschmalz erhitzen, Speck und Zwiebeln darin anbraten, den Wirsing dazugeben und mit Schlagsahne ablöschen. Einmal kurz aufkochen. Mit Salz, Pfeffer, Muskat und Zitrone abschmecken. Alles gemeinsam anrichten und servieren.

BUCHTELN MIT WURSTFÜLLUNG & APFELKOMPOTT

Für 2 Personen

FÜR DIE BUCHTELN:

170 g griffiges Mehl (in Deutschland Type 1050)
2 TL Salz
10 g frische Hefe
ca. 80 ml warme Milch
2 EL Zucker
75 g Butter
2 Eigelb

FÜR DAS KOMPOTT:

3 süßsaure Äpfel
etwas Zucker
1 Zimtstange
2 TL Korianderkörner
etwas Zitronenschale

FÜR DIE FÜLLUNG:

100 g Bratwurst
1 Zwiebel
1 EL Butterschmalz
Salz, schwarzer Pfeffer, Majoran, Cayennepfeffer, Senf

FÜR DIE SAUCE:

2 EL Butter
1 kleine Zwiebel
1–2 EL Mehl
150 ml Milch
je ½ Bund Petersilie und Dill

Mehl in eine Schüssel sieben, mit dem Salz vermischen, eine Mulde eindrücken. Die Hefe fein hineinbröseln und mit einem Drittel der lauwarmen Milch übergießen. Etwas Zucker und Mehl darüberstreuen. Mit einem Tuch abdecken und an einem warmen Ort etwa 10–15 Minuten gehen lassen.

Nun die restliche Milch nochmals erwärmen, 35 g Butter, restlichen Zucker und Salz darin auflösen. Zur Mehlmischung geben und mit dem Kochlöffel durchrühren, bis sich der Teig vom Schüsselrand löst und glatt und seidig ist. Den Teig nochmals mit einem Tuch bedeckt gehen lassen, bis er sein Volumen etwa verdoppelt hat.

In der Zwischenzeit die Äpfel schälen, halbieren, entkernen und in Stücke schneiden. In einem Topf mit etwas Wasser und den Gewürzen zugedeckt weich, aber noch bissfest kochen.

Bratwurst schälen und fein hacken. Zwiebel ebenfalls fein hacken. In einer Pfanne das Butterschmalz erhitzen. Zwiebel darin anschwitzen, dann die Bratwurstmasse dazugeben, kräftig anbraten und ebenso kräftig würzen. Am Schluss den Senf unterrühren.

Backofen auf 220 °C (Ober- und Unterhitze) vorheizen. Nun den Teig auf einer bemehlten Arbeitsfläche etwa 2 cm dick ausrollen. In 5 x 5 cm große Quadrate schneiden. Je 1 TL der Füllung in die Mitte jedes Quadrats setzen und die Ecken über der Füllung zusammenschlagen. In die restliche geschmolzene Butter tunken und mit der glatten Seite nach oben dicht an dicht in eine gefettete Auflaufform stellen. Nochmals zugedeckt ruhen lassen, bis sich das Volumen der Buchteln sichtbar vergrößert hat. Mit Butter bestreichen und im Ofen 30–45 Minuten backen, bis sie goldbraun gekrönt sind. Dazwischen nochmals mit Butter bestreichen.

Während die Buchteln backen, die Sauce zubereiten: Dafür Butter in einem Topf schmelzen, die fein gehackte Zwiebel darin glasig dünsten. Mit Mehl bestäuben und weiterbraten, bis das Mehl nussig duftet. Mit Milch ablöschen. Mit Salz, Pfeffer und Muskat abschmecken. Die Sauce ein paar Minuten kochen lassen, bis sie eindickt. Petersilie und Dill fein hacken, dazugeben und alles gut durchmischen. Mit dem Stabmixer fein pürieren. Die Buchteln auf einem Saucenspiegel zusammen mit dem Apfelkompott servieren.

PISSALADIÈRE AKA ZWIEBELTARTE MIT STURM

Für 2 Personen

FÜR DEN TEIG:

200 g Mehl
je 1 TL Salz und Anis
50 ml Olivenöl
4 EL Sturm oder Wasser
Hülsenfrüchte zum Blindbacken

FÜR DEN BELAG:

500 g Zwiebeln
1 EL Butterschmalz
2 TL Zucker
1 Schuss Sturm
100 ml Schlagsahne
1 Ei
Salz, schwarzer Pfeffer aus der Mühle
Muskat, Zimt

Ich liebe den Herbst, weil man da nach einem langen Spaziergang durch Weingärten bei einem kleinen Heurigen einkehren, ein Glas Sturm (Federweißer oder Bitzler) trinken und sich an den großen Mann anlehnen kann, dem dieselbe müde Sonne ins Gesicht scheint. Der – wie man selbst – selig lächelt, weil auch er nach dem zweiten Glas (es bleibt nie bei nur einem Glas Sturm, sagte ich das nicht?) mit sich und der Welt zufrieden und gerade ebenso schrecklich verliebt in sie ist, wie sie in ihn. Deshalb liebe ich den Herbst: wegen all der schönen Farben und dem leicht wehmütigen Licht und natürlich wegen des Sturms!

———

Für den Teig Mehl in eine Schüssel sieben. Salz und Anis dazugeben, das Öl in feinem Strahl einlaufen lassen und alles gut miteinander vermischen. Den Sturm löffelweise dazugeben und zu einem glatten Teig verarbeiten. Eine Kugel formen und zugedeckt etwa 30 Minuten ruhen lassen.

In der Zwischenzeit machen wir uns an den Zwiebelbelag. Dazu die Zwiebeln schälen, halbieren und in feine Ringe schneiden. *Das ist übrigens DIE Gelegenheit über alles, was man sonst so in sich hineinschluckt, zu weinen. Die Tränen fließen ohnehin, da kann man seine eigenen, lange aufgestauten gleich mit dranhängen. Und falls es Ihnen unangenehm sein sollte, können Sie es problemlos auf die Zwiebeln schieben.** Das Butterschmalz in einer Pfanne zerlassen, den Zucker darin karamellisieren. Die Zwiebeln dazugeben und mit Sturm löschen. Würzen und zugedeckt bei mittlerer Hitze etwa 15 Minuten schmoren, bis die Zwiebeln weich sind. Backofen auf 200 °C (Ober- und Unterhitze) vorheizen.

Den Teig nach der Ruhezeit auf einer bemehlten Arbeitsfläche ausrollen. Eine kleine gebutterte Tarteform mit Teig auskleiden. Mit Backpapier auslegen und mit Hülsenfrüchten beschwert ca. 12 Minuten blindbacken. Hülsenfrüchte entfernen und nochmals 5 Minuten backen. Herausnehmen und die Ofenhitze auf 180 °C reduzieren.

Ei und Schlagsahne gut vermischen. Mit Salz und Pfeffer, etwas Muskat und Zimt würzen. Mit den Zwiebeln vermischen und die Tarte damit füllen. Ca. 30 Minuten backen, bis die Masse gut stockt. Dann die Hitze noch einmal auf 200 °C erhöhen und weitere 10 Minuten backen, bis die Oberfläche schön bräunt. Herausnehmen und etwas abkühlen lassen. Aufschneiden und vielleicht mit einem Endiviensalat servieren. Diese Zwiebeltarte schmeckt übrigens auch kalt gut.

*
Dieses Gericht möchte ich Agnes widmen, meiner Freundin und einer großen Verfechterin des Weinens als Seelenhygiene. Weinen ist schön, sagt sie – das finde ich auch. Ich würde gerne öfter weinen. Aber auch das will gelernt sein. Zum Üben kann man möglichst oft diese Zwiebeltarte backen.

NICHT FÜRS ERSTE DATE. ENTENBRUSTBURGER MIT RETTICHSALAT

Für 2 Personen

FÜR DEN RETTICHSALAT:

½ Bierrettich
3 EL Reisessig
2 TL Sojasauce
1 TL Fischsauce
Salz, schwarzer Pfeffer aus der Mühle

FÜR DIE ENTENBRUST:

1 kleine Entenbrust (200–400 g)
etwas Meersalz
2 Knoblauchzehen

AUSSERDEM:

2 Laugenbrötchen
2–3 TL Aioli-Mayonnaise von Nicolas Vahé
1 EL Senf
2 EL Honig
2 Handvoll Rucola
1 kleine rote Zwiebel in Ringen
½ Orange, geschält und in dünne Scheiben geschnitten

Warum das nichts für ein erstes Date ist? Weil es beim Essen eine richtige Schweinerei gibt, das kann ich Ihnen sagen. Aber vielleicht sollten Sie es genau deswegen doch bei Ihrer ersten Verabredung servieren. Dann wissen Sie gleich, ob Ihr Schwarm Humor hat. Ich finde nämlich, dass sich Leute, die beim Essen pingelig sind, verdächtig machen, auch sonst ganz schön anstrengend zu sein.

———

Den Rettich schälen und mit einem Gemüsehobel in feinste Scheibchen hobeln. Alle Zutaten für die Marinade gut vermischen und über den Rettich gießen. Gut durchmischen und richtig schön durchziehen lassen. Am besten über Nacht.

Die Entenbrust auf der Fettseite rautenförmig einschneiden. In einer gusseisernen Pfanne etwas grobes Meersalz ohne Fett erhitzen. Fängt es an zu rauchen, die Entenbrust mit der Hautseite nach unten einlegen und bei großer Hitze etwa 2–3 Minuten braten, bis die Haut knusprig ist. Die ganzen Knoblauchzehen dazugeben. Auf mittlere Hitze reduzieren. Weitere 2 Minuten braten. Dann die Entenbrust wenden. Weitere 2–3 Minuten (je nach Dicke der Entenbrust) braten. Anschließend Deckel auf die Pfanne legen, Hitze weiter reduzieren, ca. 5–7 Minuten ziehen lassen. Herausnehmen und in Alufolie verpackt 7–10 Minuten ruhen lassen. Die Entenbrust aufschneiden und den Bratensaft auffangen. Wem die Entenbrust dann noch zu rosa ist, der kann die Scheiben noch einmal in der heißen Pfanne von beiden Seiten unter sekundenschnellem Wenden fertig braten.

Die Brötchen aufschneiden. Ober- und Unterseiten ausgiebig in den Bratensaft tunken. Mayonnaise, Senf und Honig zu einer Sauce rühren. Die Brötchenunterseiten damit bestreichen. Rettichsalat darauf verteilen. Mit Rucola und Zwiebelringen belegen. Die Entenbrust darauf verteilen. Nochmals etwas Honig-Senf-Sauce darüberträufeln. Jeweils 1–2 Orangenscheiben darauflegen. Wer mag, kann nun auch noch die Knoblauchzehe zerdrücken und die Brötchenoberseite damit bestreichen. *Dann geht der Brötchen-Deckel zu und es heißt: Licht aus!*

SUGO VON MAMA TRAUTE

Für 2 Personen*

FÜR DAS SUGO:

2 mittelgroße Zwiebeln, gehackt

2 EL Olivenöl

2 Knoblauchzehen, fein gehackt

500 g frisches gemischtes Hackfleisch vom Fleischer (60:40 für das Schwein)

je 2 TL getrocknetes Basilikum, Oregano

3–4 TL getrockneter Salbei (oder 2 frische Zweiglein)

2 Lorbeerblätter

Salz, schwarzer Pfeffer aus der Mühle

1 Zimtstange (im Winter)

1 Schuss Rotwein

3 Dosen geschälte Tomaten in Stücken (bitte nehmen Sie gute Qualität, die Sauce wird es Ihnen danken)

1 kleine Dose Tomatenmark

etwas Zucker

gute Spaghetti aus Hartweizengrieß

Parmesan, frisch gerieben

Dieses Essen war für mich in Kindertagen das Größte. Es war mir Trost, Heimat und Fernweh zugleich. Meine Mutter kochte es mir, sooft ich es wollte. Sie ließ die Sauce sehr leise und sehr lange vor sich hin köcheln, was meinem Bruder und mir die Gelegenheit gab, sehr oft und sehr leise in die Küche zu schleichen und ein Löffelchen nach dem anderen zu stibitzen.** Heute koche ich diese Sauce oft und gerne für meine Tochter und mich, und ich glaube, sie liebt sie nicht weniger als ich. Manchmal kommt es mir vor, als würde die Sauce beim Kochen weniger, was den Verdacht nahelegt, dass meine Tochter – der Tradition folgend – auch zum Naschen in die Küche schleicht, während die Sauce allein der Wärme des Ofens überlassen ist. Wie schön! Heute und bis ans Ende meiner Tage werde ich bei diesem Gedanken und einem Teller Nudeln mit Sugo Trost finden.

———

Die Zwiebeln in Olivenöl glasig anbraten, den Knoblauch dazugeben und gut durchrösten, aber nicht bräunen. Das Fleisch dazugeben und von allen Seiten gut bräunen. Mit den getrockneten Kräutern, Salz und etwas Pfeffer würzen. Mit Wein ablöschen und einkochen lassen. Erst dann die Tomatenstückchen und etwas Wasser (etwa ½ Dose) dazugeben. Nun einmal aufkochen lassen, dann die Hitze reduzieren und zugedeckt etwa 1–2 Stunden leise köcheln lassen. Dabei mehrmals umrühren. Kurz vor Ende der Garzeit das Tomatenmark unterrühren und nochmals abschmecken. Falls die Tomaten eher säuerlich sind, Zucker zugeben. Die letzte Viertelstunde offen köcheln lassen.

Spaghetti in reichlich gesalzenem Wasser sprudelnd al dente kochen. Abseihen und in einer vorgewärmten Schüssel mit dem gewünschten Teil der Sauce und Olivenöl vermischen. Und schnell mit gutem, frisch geriebenem Parmesan servieren.

*
Sugo kann man nicht für 2 Personen machen. Unmöglich! Man muss immer einen großen Topf davon kochen und dann tagelang davon essen. Wer das nicht will, muss den Rest eben einfrieren.

**
Solche Dinge haben unter anderem dazu beigetragen, dass ich heute so gerne koche. Denn beim Naschen konnte man jedes Mal schmecken, wie sich die Sauce veränderte und wie sie langsam ihrer Perfektion entgegenköchelte.

NACHSPEISEN

Sweet Surrender oder
Happy Together

———

Die Nachspeise darf in einem Menü, ähnlich der Vorspeise, eigentlich alles. Mit einem großen Unterschied: Es ist alles entschieden entspannter und weit weniger aufgeregt als am Anfang. Immerhin liegt der Großteil (des Essens) schon hinter uns. Das süße Sahnehäubchen können wir also ganz entspannt genießen. Verliebt haben wir uns schon, zusammengeblieben sind wir auch – zumindest bis hierher.
Es ist alles gut. So darf es bleiben!

Aber ich muss Sie enttäuschen: Nichts ist für immer, nicht auf dem Teller und nicht im Leben. Also: Wenn Sie fertig sind mit Ihrer Nachspeise, dann fangen Sie am besten gleich wieder am Anfang an. Verlieben Sie sich neu ineinander, stillen Sie Ihren Hunger, damit die nächste süße Phase kommen kann! Das Meer, die Liebe und das Leben – sie haben Gezeiten.

ZARTROSA STACHELBEER- & GRÜNE WALDMEISTERGRÜTZE MIT MOLLIGER VANILLESAUCE

Für 2 Personen

FÜR DIE STACHELBEERGRÜTZE:

250–300 g Stachelbeeren
ca. 200 ml Wasser
100 g Zucker
ca. 20–30 g/2–3 EL Maisstärke*

FÜR DIE WALDMEISTERGRÜTZE:

2 Zweige Waldmeister
150 ml Wasser
50 ml Waldmeistersirup
etwas Zitronensaft
etwas Zucker
ca. 20 g/2 EL Maisstärke

FÜR DIE VANILLESAUCE:

125 ml Milch oder Schlagsahne
1 Vanilleschote
1 gestrichener TL Maismehl
1 Eigelb
1 TL Zucker

*
Faustregel für Grütze: 20 g Maisstärke für 250 ml Flüssigkeit.

Die Stachelbeeren waschen und knapp mit Wasser bedecken. Aufkochen und bei geschlossenem Deckel ca. 15 Minuten kochen. Durch ein Sieb passieren und nochmals aufkochen. Mit Zucker süßen und so lange rühren, bis sich der Zucker vollständig auflöst.

Für die Waldmeistergrütze Wasser mit Waldmeisterstängeln aufkochen. Stängel entfernen und den Waldmeistersirup einrühren. Eventuell einen Spritzer Zitronensaft und falls nötig bzw. erwünscht auch noch etwas Zucker hinzufügen. Die Flüssigkeit erwärmen und so lange rühren, bis sich der Zucker vollständig auflöst.

Nun jeweils das Maismehl in kaltem Wasser anrühren. Bei milder Hitze unter ständigem Rühren in die jeweilige Grütze-Basis einrühren, bis die Flüssigkeit eindickt und Blasen wirft. Jeweils in kleine, mit kaltem Wasser ausgespülte Formen füllen. Erkalten lassen und im Kühlschrank durchkühlen. Vor dem Servieren stürzen oder direkt aus dem Glas löffeln.

Ich mag dazu Hagelzucker und flüssige Schlagsahne oder warme Vanillesauce. Für Letztere Milch oder Schlagsahne mit der halbierten ausgekratzten Vanilleschote und dem Vanillemark aufkochen. Maismehl mit kaltem Wasser anrühren und zur kochenden Milch geben. Unter Rühren kurz weiterkochen, bis die Masse etwas eindickt. Das Eigelb mit Zucker verquirlen und mit dem Schneebesen luftig unter die Sauce schlagen. Nochmals durchwärmen, aber nicht mehr kochen, sonst gerinnt das Ei. Die Vanilleschote herausfischen und die Sauce unter häufigem Rühren – gern auch im kalten Wasserbad – abkühlen lassen. Gemeinsam mit den beiden Grützen servieren.

GEFÜLLTE ZITRONEN MIT ROSMARIN, MUSKAT & ZITRONENTALERN

Für 2 Personen

4 Zitronen
1 Zweig Rosmarin
4 cl Limoncello
125 g Zucker
etwas Muskatnuss, gerieben
175 ml Schlagsahne
175 ml Milch

FÜR CA. 30 KEKSE, DIE SICH GUT HALTEN:

60 g Butter
30 g Zucker
2 TL Bio-Zitronenschale, feinst gehackt
1 Ei
60 g Mehl

Die spitzen Enden von 2 Zitronen im oberen Viertel abschneiden, die Unterseiten begradigen. Die Zitronen nun aushöhlen. Den Saft dabei auffangen. Die Schalen und Hütchen ins Gefrierfach geben. Die zwei anderen Zitronen dünn schälen. Saft ebenfalls auspressen. Zitronensaft und -schale, Rosmarin und Limoncello gut durchmischen und über Nacht ziehen lassen. Den Rosmarinzweig am nächsten Tag herausfischen. Flüssigkeit durch ein Sieb gießen. Zucker dazugeben und rühren, bis er sich aufgelöst hat. Mit Muskat abschmecken. Mit Schlagsahne und Milch auffüllen. In der Eismaschine laut Anleitung halbfest frieren. Die Zitronen mit der Eismasse füllen, die Hütchen daraufsetzen und nochmals für mindestens 30 Minuten ins Eisfach geben. Ca. 10 Minuten vor dem Servieren herausnehmen und etwas antauen.

Dazu passen kleine Zitronentaler: Dafür Backofen auf 190 °C (Ober- und Unterhitze) vorheizen. Butter und Zucker schaumig rühren. Zitronenschale dazugeben. Nun das Ei, dann das Mehl einarbeiten. In gebührendem Abstand (die Kekse plustern sich nämlich beim Backen ganz schön auf) auf ein mit Backpapier ausgelegtes Backblech teelöffelgroße Häufchen löffeln und diese flach drücken. Dazu am besten ein Glas mit flachem Boden benützen. Im Ofen etwa 10 Minuten backen, bis die Ränder zu bräunen beginnen. Herausnehmen, noch warm vom Backpapier lösen und am besten auf einem Kuchengitter oder einem Gitterrost abkühlen lassen.

MA PETITE.
KLEINE BEERENGALETTE

Für 2 Stück

FÜR DEN GALETTETEIG:

300 g Mehl
250 g weiche Butter
2 EL Zucker
1 Ei

FÜR DIE FÜLLUNG:

2 EL Zucker
125 g frische gemischte Beeren
2 cl Cassis
1 Schuss Johannisbeersaft
etwas Eigelb zum Bestreichen
50 g Beeren zum Belegen

Aus den Teigzutaten rasch einen glatten Teig herstellen. Diesen mindestens 20 Minuten im Kühlschrank ruhen lassen.

Backofen auf 180 °C (Ober- und Unterhitze) vorheizen.

Den Zucker in einer Pfanne karamellisieren. Die Beeren dazugeben und mit Cassis und Johannisbeersaft ablöschen. Den Saft einkochen lassen.

Den Teig aufwecken, in zwei gleich große Portionen teilen und jeweils etwa 5 mm dick und rund ausrollen. Die Teigkreise auf ein mit Backpapier ausgelegtes Backblech legen. Mit den abgekühlten Beeren nicht ganz bis zum Rand belegen. Die Teigränder über dem Obst zur Mitte hin so einschlagen, dass mittig ein unbedeckter Teil übrig bleibt. Die Ränder mit etwas Eigelb bestreichen. Die Galettes im Ofen etwa 30–35 Minuten backen. Abkühlen lassen und zusätzlich mit frischen Beeren belegen.

FLAUMIGER REISAUFLAUF MIT HIMBEEREN

Für 2 Personen

1 TL Butter
2 EL Semmelbrösel
2 TL Zucker
Schale von ½ Bio-Zitrone
300 ml Milch
1 Prise Salz
½ Vanilleschote
1–2 TL Maraschino
75 g Vialone Nano, Arborio oder anderer Rundkornreis
1 EL Butter
50 g feiner Zucker
2 Eier, getrennt
1 EL Butter in Flöckchen
frische Himbeeren zum Garnieren

Eine kleine Auflaufform buttern. Die Semmelbrösel mit 2 TL Zucker mischen und die Form damit auskleiden. Zitronenschale bis auf zwei Streifen fein hacken. Beiseite stellen. Die Milch mit Salz, den beiden Zitronenschalenstreifen, Vanilleschote und Maraschino aromatisieren. Den Reis einrieseln lassen. Zum Kochen bringen. Auf kleiner Flamme unter ständigem Rühren schön weich kochen. Milch ist recht anlegungsbedürftig, daher braucht sie unsere Aufmerksamkeit beim Kochen. Den Milchreis vom Feuer nehmen, Vanilleschote und Zitronenschalenstreifen entfernen. Auskühlen lassen.

Backofen auf 180 °C (Ober- und Unterhitze) vorheizen.

Butter mit der Hälfte des Zuckers und Eigelb schaumig rühren, nun die gehackte Zitronenschale untermischen. Reis in die Ei-Masse mischen und gut verrühren. Eiweiß mit dem restlichen Zucker zu Schnee schlagen und zuletzt unter die Masse heben. Die Masse in die Auflaufform füllen, mit Butterflöckchen krönen und in ca. 25 Minuten im Ofen goldgelb backen. Mit einem Holzstäbchen prüfen, ob der Auflauf fertig ist. Wenn nichts mehr kleben bleibt, ist er gut. Herausnehmen und etwas abkühlen lassen. Mit frischen Himbeeren und – wenn gewünscht – Himbeersaft servieren.

―――

Spielwiese: Dazu passt natürlich auch jede Form von Kompott, z.B. Kirschkompott, pochierte Pfirsiche oder – etwas herbstlicher – Apfel-, Birnen- oder Zwetschgenkompott.

SCHOKOBOMBE VOM FINSTEREN STERN

Für ca. 8 Personen*

300 g gute Schokolade mit 70 % Kakaoanteil (Valrhona)
100 g Zucker
etwas Frangelico oder Cointreau oder Rum
500 ml Schlagsahne

Dieses Dessert ist aus einem einfachen Fehler entstanden. Das hat mir Ella de Silva, seine Erfinderin und begnadete Köchin, erzählt. Es war in ihrem Restaurant Zum Finsteren Stern bereits für den nächsten Tag vorbereitet worden und sollte nur kurz gekühlt werden. Im Eifer des Abendgeschäft-Gefechts wurde es aber im Eisfach vergessen und fror richtig durch. Beim Kosten am nächsten Tag wurde es für gut befunden. Es wird seitdem immer halbgefroren serviert und ist das beliebteste Dessert von Ellas Gästen.

Sie hat damit schon sehr viele Menschen sehr glücklich gemacht. Besonders mich. Ich liebe dieses Dessert. Ich finde, es ist das perfekte Trost-Dessert bei starkem Liebeskummer. Je stärker der Kummer, desto mehr Likör, bitte. Hinein und dazu! Schmeckt aber nicht nur bei Kummer, sondern auch bei Verliebtheit, bei Liebe und einfach so.

Die Schokolade im Wasserbad schmelzen. Den Zucker dazugeben und rühren, bis er sich auflöst. Zum Schluss den Schuss Frangelico oder jeden anderen gewünschten Alkohol untermischen. Die Schlagsahne in einem Topf einmal aufwallen lassen. Die geschmolzene Schokolade dazugeben und durchrühren, bis sich beides gut vermischt. Aber bitte nicht mehr kochen! Die Creme in Gläschen oder Dariolförmchen gießen, abkühlen lassen und zum Durchfrieren ins Gefrierfach stellen. Ca. 10–15 Minuten vor dem Servieren herausnehmen. Etwas antauen. Dann kurz in heißes Wasser tauchen, auf einen Teller stürzen und servieren. Vielleicht mit einem einfachen Kirschkompott, das Sie mit ein wenig Vanille, Zitronensaft und Zucker auf- und weichgekocht haben. Oder mit frischen Erdbeeren oder Passionsfruchtsauce und frischen Passionsfrüchten – oder mit allem anderen, was Sie gerne mögen.

*

Das Rezept ist für 8–10 Personen bemessen – immerhin kommt es aus einem Restaurant. Das macht aber nichts, denn es ist gut, immer eine oder zwei dieser kleinen Schokobomben auf Eis zu haben. Wenn Ihr Liebster, Ihre Liebste, Ihre Freundin oder Ihr Kind plötzlich Schokolade braucht, was ja öfter mal vorkommen kann, dann ist immer was da.

DA BRAUCHT'S LEUT', KEINE ABZIEHBILDER*

Ich mag kein perfektes Leben, da würde ich durchdrehen, ich mag Abgründe, meine und die meiner Freunde. Ich mag Schwierigkeiten, solange ich sie meistern kann, ich mag schiefe Zähne und Falten, ich mag rauchen und trinken und am nächsten Tag Kater haben und unsportlich sein. In der Liebe ist es nicht anders. Ich möchte keine Stepford-Wives-Ehe, keine Mickey-Mouse-Beziehung, sondern eine erwachsene Liebe mit zweien (oder dreien oder vieren), die keine Angst vor rauer See und Vertrauen zueinander haben und sich trauen, einander genau so zu lieben, wie sie es wollen. Zwei (oder drei oder vier) unabhängige Menschen, die das Dritte (oder Vierte oder Fünfte – ihre Liebe –) kennen und erkennen, welche Bedürfnisse sie hat. Die Liebe hat nämlich auch Bedürfnisse, und die müssen wir erfüllen.

*

Sagt man in Wien, wenn man meint:
Dafür braucht man Mut!

SÜDTIROLER BERGE.
WALDHEIDELBEER-STREUSELKUCHEN

Für 2–4 Personen

FÜR DEN WALDBODEN:

Saft von ½ Zitrone
3 TL Zucker
250 g Mehl
90 g Zucker
½ Pkg. Vanillezucker
2 kleine Eigelb
1 Prise Salz
175 g Butter
etwas abgeriebene Bio-Zitronenschale
300 g echte Waldheidelbeeren (frisch oder TK)

FÜR DIE STREUSELKRONE:

150 g Mehl
120 g grober Kristallzucker
120 g weiche Butter
50 g geschälte, geriebene Mandeln
1 Prise Salz
1 Pkg. Vanillezucker
Saft von ½ Zitrone

Hülsenfrüchte zum Bildbacken
Schlagsahne

An einem heißen Sommertag spazierten wir auf dem Rückweg einer Wanderung in den Südtiroler Bergen durch einen alten Nadelwald. Die Sonne warf ihre staubigen Strahlen schräg in die dunkle Stille. Die Luft duftete würzig-kühl. Der Waldboden – in schütterem Halbschatten liegend – war übersät von knöchelhohen kleinen Büschen. Zwischen ihren Blättern blitzten kleine blauschwarze Beeren hervor. Ich pflückte sie und steckte sie mir sonnenwarm direkt in dem Mund. Begleitet vom Zwitschern der Vögel und dem Flüstern der Nadeln. Dabei spürte ich den kühlen Waldboden unter und die fernen Kronen der Tannen über mir. An ein intensiveres Glücksgefühl als dieses kann ich mich kaum erinnern. Vielleicht ist es am ehesten dem überwältigenden Gefühl echter Liebe vergleichbar. Daher empfehle ich Ihnen, für diesen Kuchen echte Waldheidelbeeren zu verwenden. Gezüchtete kommen nicht einmal ansatzweise an den Geschmack ihrer wilden Schwestern heran und sind außerdem kein bisschen romantisch.

———

Das Mehl auf eine Arbeitsfläche sieben. In der Mitte eine Mulde formen. Zucker, Vanillezucker, Eigelb und 1 Prise Salz hineingeben. Die Butter in Flocken an den Rand setzen, die Zitronenschale darüberstreuen. Dann alles schnell zu einem glatten Teig verarbeiten. In Frischhaltefolie einschlagen und zumindest 1 Stunde kühl ruhen lassen.

Wenn Sie frische Heidelbeeren verwenden, dann kurz abspülen und eventuell kleine Blättchen herausfischen. In einer Schüssel mit Zitronensaft beträufeln und mit 3 TL Zucker vermischen. Bis zur Weiterverwendung stehen lassen. TK-Beeren erst direkt vor dem Belegen aus dem Eisfach nehmen.

Den Backofen auf 200 °C (Ober- und Unterhitze) vorheizen. Alle Zutaten für die Streusel zwischen den Handflächen gut miteinander zu groben Krümeln verreiben.

Den Teig ausrollen und eine viereckige gebutterte Tarteform damit auslegen. Den Teig am Rand etwas hochziehen. Mehrmals mit einer Gabel einstechen, dann mit Backpapier auslegen und mit Hülsenfrüchten beschweren. Etwa 12 Minuten blindbacken. Die Hitze reduzieren und die Hülsenfrüchte entfernen. Weitere 5 Minuten backen. Dann die marinierten oder TK-Heidelbeeren auf dem Kuchen verteilen. Mit den Streuseln toppen und noch einmal für 35–40 Minuten in den Ofen schieben. Wenn die Streusel hübsch gebräunt sind, herausnehmen. Etwas abkühlen lassen und zusammen mit frisch geschlagener Sahne servieren.

REIZENDE KLEINE GRIESSNOCKEN MIT HOLLERKOCH*

Für 2 Personen

FÜR DAS HOLLERKOCH:

300 g Holunderbeeren, entstielt

80 g Zucker

1 Pkg. Vanillezucker

2–3 cl Cassis

Schale und Saft von 1 Bio-Limette

1–2 Kaffir-Limettenblätter

FÜR DIE GRIESSNOCKEN:

250 ml Milch

60 g Butter

10–20 g Zucker

10 g Vanillezucker

½ Vanilleschote, Mark ausgekratzt

1 Prise Salz

60 g Grieß

1 Ei

abgeriebene Schale von ½ Bio-Zitrone

etwas Butter zum Anbraten

Für traurige Kinder oder alle, die eine ordentliche Portion Süße im Leben gebrauchen können.

———

Alle Zutaten für das Hollerkoch einmal aufkochen und etwa 15 Minuten einkochen. Abkühlen lassen.

Milch mit Butter, Zucker, Vanillezucker, Vanillemark und -schote sowie einer Prise Salz aufkochen. Vanilleschote herausfischen. Nun machen wir: „Langsam rieselt der Grieß." Dabei rühren wir ständig weiter, und zwar so lange, bis sich der Teig vom Topfboden löst. In eine Schüssel umbetten und das Ei und danach die geriebene Zitronenschale unterrühren. Kräftig durchrühren, bis ein schöner Teig entsteht. Zugedeckt 2 Stunden ruhen lassen.

In einem passenden Topf leicht gesalzenes Wasser einmal aufkochen – dann die Hitze reduzieren. Mit zwei nassen Löffeln aus der Grießmasse kleine längliche Nocken stechen. Ins Wasser gleiten lassen und etwa 12 Minuten simmernd gar ziehen lassen. Wenn sie an die Oberfläche ploppen, sind sie fertig. Die Nocken mit einem Schaumlöffel aus dem Wasser fischen und abtropfen lassen. In einer Pfanne die Butter schmelzen. Die Nocken kurz darin schwenken und goldgelb anbraten. Zusammen mit Hollerkoch servieren.

———

Spielwiese: Will man den kleinen Nocken einen frischen Begleiter verpassen, kann das jede Art von Fruchtsalat oder -sauce sein, etwa Himbeer-, Erdbeer-, Passionsfruchtsauce (mein Favorit). Aber auch Zwetschgen- oder Aprikosenkompott oder Apfel-, Kirsch-, Rhabarber- oder Stachelbeerkompott steht ihnen gut. Jene, die es richtig heftig mögen, schwenken die Nocken in gerösteten Semmelbröseln, gemahlenen Nüssen, Mohn oder geröstetem Sesam, krönen mit brauner Butter und reichen dazu zusätzlich Vanille- oder Schokoladesauce oder eine Mischung von beiden. Obendrauf noch ein Sahnehäubchen – dann wird es aber schon fast unanständig, wie ich finde.

*
So nennt man in Österreich mit Zucker und Gewürzen eingekochte Holunderbeeren/Fliederbeeren. Manchmal sagt man dazu Hollerritzel.

PASSIONSFRUCHT-TIRAMISU

Für 2 Personen

250 g Mascarpone
2 EL Zucker
1 Pkg. Vanillezucker, bitte mit echter Vanille
1 Limette
4 EL Monin Passionsfruchtpüree
50 ml Monin Passionsfruchtsirup
50 ml Limoncello
1 Packung Löffelbiskuits
2 reife Passionsfrüchte

Mir tun die kleinen Passionsfrüchte, die übrigens je schrumpeliger, desto besser sind und die schönsten Blüten der Welt haben, ein bisschen leid. Manche Menschen nennen die Frucht, die so betörend riecht und so wundervoll schmeckt, nämlich Maracuja. Das geht gar nicht. Das hört sich furchtbar künstlich an. Also, ich bleibe da lieber bei Passionsfrucht. Leidenschaft und Frucht – das gefällt mir.

―――――

Mascarpone mit Zucker und Vanillezucker glatt rühren. Die Limette heiß abwaschen, schälen, den Saft auspressen und die Hälfte der Schale wirklich ganz fein hacken. Dabei die weißen Häutchen entfernen. Die sind bitter. Zusammen mit Passionsfruchtpüree und etwas -sirup unter die Mascarponecreme mischen, sodass eine nicht allzu dicke, cremige Masse entsteht.

In einem Suppenteller Limoncello und etwas Passionsfruchtsirup mischen. Die Löffelbiskuits portionsweise darin wenden und den Boden einer kleinen viereckigen Form damit belegen. Mit Mascarponecreme bedecken. Dann nach dem gleichen Prinzip eine zweite und dritte Schicht darüberlegen. Mit einer Schicht Creme abschließen. Mit Frischhaltefolie abdecken und mehrere Stunden, am besten über Nacht, durchziehen lassen. Mit dem Fruchtfleisch der Passionsfrüchte servieren.

DON'T ASK ME
NO QUESTIONS,
AND I WON'T
TELL YOU NO LIES*

Mein Mann sollte für mich ein Stück weit geheimnisvoll bleiben, so wie er es war, als ich ihn kennenlernte. Ich will nicht alles von und über ihn wissen. Ein paar dunkle Ecken und Geheimnisse** sollen ruhig erhalten bleiben. Gerade in einer Zeit wie der unseren, in der die Privatsphäre vom Aussterben bedroht ist, sollten wir einander so lassen, wie wir sind, und nicht alles ergründen, erfragen und verstehen wollen. Gerade in der Liebe dürfen wir jede Form gegenseitiger Kontrolle an der Garderobe abgeben. Die kleinen Geheimnisse und dunklen Ecken, das verwilderte Stückchen Garten, sie alle leben hoch!

*
Songwriters:
Ronnie Van Zant, Gary Robert Rossington /
© Universal Music Publishing Group

**
Wer keine hat, sollte sich ein paar anschaffen.
Das macht Spaß und tut gut.

PUMPERNICKEL MIT BLAUSCHIMMEL, ERDBEEREN & ROSENGELEE

Für 2 Personen

3–4 wirklich reife, geschmacksintensive Erdbeeren
4 runde Scheiben Pumpernickel
50 g milder, zart-cremiger Blauschimmelkäse
(Bleu de Brebis Régalis César)
Rosengelee
weißer Pfeffer aus der Mühle

Die Erdbeeren je nach Größe halbieren oder in mehrere dicke Scheiben schneiden. Die Pumpernickelscheiben großzügig mit kalter Blauschimmelcreme bestreichen. Dann etwas Rosengelee darauf verteilen und eine Erdbeere daraufsetzen. Pfeffern, wer mag. Mein Schatz mag gern viel! Ich mag's nicht.

MÜRBE KEKSE MIT APFELKRONE & BAILEYS-KARAMELL

Für 2 Personen

FÜR DEN MÜRBETEIG:

150 g Mehl

125 g warme, weiche Butter

1 kleines Ei

FÜR DIE APFELKRONE:

2–3 Äpfel

Saft von ½ Zitrone

etwas Zucker, etwas Zimt

2 EL Zucker

FÜR DAS BAILEYS-KARAMELL:

3 Cream Fudge Sahnetoffies

50 ml Apfelsaft

50 ml Schlagsahne

4 cl Baileys

Saft von ½ Orange

2–4 EL Schlagsahne

Der hat einen in der Krone, der Keks!

———

Aus allen Zutaten rasch einen Mürbeteig herstellen. Etwa 30 Minuten kühl stellen. Backofen auf 180 °C (Ober- und Unterhitze) vorheizen. Den Teig auf bemehlter Arbeitsfläche etwa 5 mm dick ausrollen und 2–4 runde Kekse – oder mehr (je nach Größe und Hunger) – ausstechen.* Im Ofen in ca. 10–12 Minuten goldgelb backen.

Die Äpfel schälen, vierteln und in dünne Scheiben schneiden. Mit Zitronensaft beträufeln. Mit Zimt und Zucker mischen und etwas durchziehen lassen.

2 EL Zucker in einer Pfanne mit wenig Wasser schmelzen und hell karamellisieren. Bitte lassen Sie dabei die Pfanne nicht aus den Augen, das geht nämlich nach einer zähen Anlaufzeit sehr schnell! Und bitte passen Sie außerdem auf, Karamell ist wirklich heiß! Die Äpfel dazugeben und auch den Saft, der durch das Marinieren ausgetreten ist. Äpfel kurz zu bissfestem Kompott dünsten. Durch ein Sieb abseihen, den Saft auffangen und beiseite stellen.

In derselben Pfanne die Toffies mit Apfelsaft schmelzen. Schlagsahne und Baileys dazugießen und gut verrühren. Etwas einkochen lassen. Ganz zum Schluss Orangensaft und den Saft der gedünsteten Äpfel untermischen und nochmals etwas einkochen lassen. Jeden Keks zuerst mit etwas Apfelkompott krönen. Mit Sahnehäubchen versehen und das Baileys-Karamell darüberträufeln.

———

Spielwiese: Herrlich ist es auch noch, etwas frische Orangenschale über die Kekse zu reiben. Oder statt Schlagsahne glatt gerührte Crème fraiche aufzulegen, die passt mit ihrer milden Säure gut dazu.

*

Wenn Ihnen vom Mürbeteig etwas übrig bleibt, dann machen Sie daraus die kleinen Blumenkekse von S. 180.

SCHMIDTCHEN SCHMEICHLER.
WARMER SÜSSWEINSCHAUM
MIT TRAUBEN

Für 2 Personen

200 g gemischte Trauben
1 Büroklammer
2 Eigelb (das Eiweiß können Sie für das Baiser auf S. 156 verwenden)
60 g Zucker
100 ml Süßwein (zimmerwarm)
ein paar Walnüsse (optional)

Zuerst die Trauben halbieren und die Kerne – sofern sie welche haben – mit der Büroklammer entfernen. *„Die ist doch komplett verrückt"*, denken Sie jetzt? *„Trauben entkernen?"* Aber mit einer Büroklammer geht das ganz einfach. Mit der spitzen Seite in die halbe Traube fahren und die Kerne herausheben. Es schmeckt so einfach besser und schmeichelt dem Gaumen! Die Trauben beiseite stellen.

Nun in einem Kessel über Wasserdampf* Eigelb und Zucker in einer Schüssel mit rundem Boden schaumig schlagen. Den Wein angießen und die Masse im Wasserbad so lange rühren, bis sie eindickt und fluffig wird. Die Trauben in Gläser füllen und mit dem Schmidtchen-Schmeichler-Schaum zudecken. Mit ganzen Trauben und ein paar Walnüssen verzieren und lauwarm servieren.

*
Der Kessel darf das Wasser nicht berühren, sonst wird die Masse zu heiß und das Eigelb gerinnt. Kein schöner Anblick, das kann ich Ihnen sagen. Ist mir schon mal passiert. Ich bin sofort in Tränen ausgebrochen. Trotzdem hab ich's gleich noch mal probiert und beim zweiten Anlauf ist die Creme genau so gelungen, wie ich sie mir vorgestellt hatte. Flaumig, süß, aber auch etwas geheimnisvoll, wie das die Süßweine eben so an sich haben.

Ich sehe das als gutes Gleichnis für Konflikte in der Liebe. Manchmal geht gehörig etwas schief zwischen zweien, die eigentlich etwas Gutes wollten. Das passiert nun mal. Dann herrscht große Aufregung, Wut oder eben Traurigkeit. Das ist alles richtig so, nur dürfen wir uns damit nicht lange aufhalten. Einfach schnell weg mit der Misere, und noch mal ganz neu anfangen. Wir dürfen den Glauben an die ursprüngliche Schönheit unseres Plans nicht verlieren.

BUTTERMILCHFLUFF MIT HIMBEERBONBONS

Für 2 Personen

100 ml Buttermilch
100 ml Schlagsahne
ein paar Tropfen Rosenwasser
etwas Puderzucker
2–3 Himbeerbonbons, zerstoßen

Das ist ein tolles Notfall-Dessert, wenn mal jemand ganz schnell etwas Liebe braucht. Es ist flott gemacht, sehr hübsch anzusehen und darüberhinaus auch sehr gut. Es empfiehlt sich, vorher und nachher Umarmungen und Küsse dazu zu servieren. Das gilt im Grunde für jedes Gericht.

Die Buttermilch mit Schlagsahne, Rosenwasser und Puderzucker vermischen, bis sich der Zucker vollständig aufgelöst hat. Durch ein Sieb streichen. Etwa 15 Minuten durchkühlen. In einen Sahnespender füllen. Nochmals gut kühlen und dann in hübsche Gläser fluffen. Mit zerstoßenen Himbeerbonbons bestreuen.

FRAG NICHT, WAS DIE LIEBE FÜR DICH TUN KANN – FRAG, WAS DU FÜR DIE LIEBE TUN KANNST

Wir muten der Liebe zu viel zu. Wir beladen sie mit dem Gewicht unendlich hoher Ansprüche. So eine Liebe muss heutzutage fast alles können. Ich plädiere für eine massive Reduktion der Ansprüche und eine kräftige Verstärkung ihrer Hege und Pflege. Sie können von einer Pflanze auch nicht erwarten, dass sie sommers wie winters unter jeder Bedingung, ohne Wasser, ohne Licht, mit zu viel oder zu wenig Sonne, in Kälte oder Sommerhitze, Tag und Nacht, prächtig blüht und Früchte trägt. Wenn Sie möchten, dass Ihre Pflanze gedeiht, dann müssen Sie sie pflegen und ihr geben, was sie braucht. Bei der Liebe ist es genauso. So einfach ist das.

FRISCHE FEIGEN MIT CASSIS

Für 2 Personen

2–4 violette Feigen
2–4 EL Schlagsahne
etwas Zucker
1–2 TL abgeriebene Bio-Zitronenschale
4 cl Cassis

Less is more. Oder: Ohne Worte!

Sahne mit Zucker steif schlagen. Die Feigen kreuzförmig einschneiden und zart wie Blütenblätter in der Morgensonne öffnen.
Etwas Schlagsahne hineinlöffeln und Zitronenschale darüberstreuen.
Den Cassis in Likörgläschen füllen und ab auf den Balkon in die Sonne.

POCHIERTE APRIKOSEN MIT PASSIONSFRUCHT & AMARETTI

Für 2 Personen

2 Zweige frische Zitronenverbene
150–200 ml Wasser
4 EL Zucker
3–4 Aprikosen, halbiert und entkernt
1–2 Passionsfrüchte
2–3 EL Crème fraîche oder Mascarpone
1 Handvoll Amaretti oder
andere knusprige Kekse, zerbröselt

Die Zitronenverbene mit kochendem Wasser wie Tee aufgießen. Die Zweige in der Flüssigkeit abkühlen lassen. Dann durch ein Sieb abseihen. Den Zucker in 2 EL Verbenetee schmelzen und hellbraun karamellisieren. Die Aprikosen einlegen, mit Karamell überziehen und mit Verbenetee aufgießen. Aufkochen, bis das Karamell sich wieder auflöst. Hitze reduzieren. Die Aprikosen leicht simmernd etwa 2–3 Minuten in dem Karamell-Verbene-Sud pochieren. Herausnehmen und den Saft sirupartig einkochen. Die Passionsfrüchte halbieren und das Fruchtfleisch herauslöffeln. Mit dem Sirup vermischen. Die Aprikosen mit dem Sirup, etwas glatt gerührter Crème fraîche (für jene, die eine leichte Säurenote mögen) oder mit glatt gerührtem Mascarpone (für alle, die es mild-milchig mögen) und den Keksbröseln anrichten.

BAISER-ECLAIRS MIT HIMBEERFÜLLUNG

Für 2 Personen

40 g Eiweiß (von S. 147)
1 Spritzer Zitronensaft
120 g Zucker
1 Tasse frische Himbeeren
(oder 2 Handvoll TK-Himbeeren)
1 EL Zucker
2 TL Himbeergeist
100 ml Schlagsahne

Backofen auf 100 °C (Ober- und Unterhitze) vorheizen. Das Eiweiß mit einem Spritzer Zitronensaft und einem Drittel des Zuckers aufschlagen, bis es fest wird, dann das zweite Drittel des Zuckers einrühren, bis das Eiweiß freche Spitzen bildet. Das letzte Drittel des Zuckers mit einem Holzlöffel unterheben. Die Masse in einen Spritzbeutel füllen und auf ein mit Backpapier ausgelegtes Backblech eine gerade Anzahl etwa 7 cm langer Stangen spritzen. Im Ofen etwa 1 Stunde trocknen. Die Himbeeren mit Zucker und Himbeergeist einmal aufkochen. Mit dem Stabmixer pürieren und durch ein Sieb streichen. Zusammen mit der Schlagsahne halb fest aufschlagen. Die getrockneten und abgekühlten Baiser-Eclairs damit füllen und servieren.

KLEINE WALDERDBEERENCREME

Für 2 Personen

150 g Walderdbeeren
Saft von ½ Zitrone
50 g Puderzucker
1½ TL Gelatine
60 ml Schlagsahne
2 EL Gin

Die Erdbeeren im Mixer pürieren und durch ein feines Sieb streichen. Zitronensaft und Puderzucker einrühren. 2–3 EL davon beiseite stellen. Die Gelatine in etwas kaltem Wasser 10 Minuten quellen lassen und bei niedriger Temperatur in einem kleinen Topf schmelzen. Nicht kochen! Die zerlassene Gelatine mit etwas Erdbeerpüree vermischen. Danach diese Mischung in die restliche Erdbeermasse einrühren. In den Kühlschrank stellen und unter Rühren abkühlen lassen, bis sie etwas eindickt. Die Sahne steif schlagen und unter die Erdbeermasse ziehen. Die Mischung in beliebige hübsche, kalt ausgespülte Formen füllen und für mindestens 2 Stunden kalt stellen.

Das restliche Erdbeerpüree mit Gin und eventuell etwas zusätzlichem Zucker abschmecken.

Zum Servieren die Förmchen auf Teller stürzen und mit einem heißen, feuchten Tuch bedecken, bis die Creme herausrutscht. Mit Erdbeersauce und einigen frischen Walderdbeeren servieren.

———

Spielwiese: Die Creme schmeckt übrigens auch mit wirklich reifen Gartenerdbeeren. Die könnte man auch mit etwas Lavendelsirup aromatisieren oder mit 1 EL Passionsfruchtsirup süßen. Oder sogar beides machen! Jawohl.

ORANGE MESS

Für 2 Spieler

FÜR DIE BLÄTTERTEIGTELLER:

150 g Butterblätterteig
1 Eigelb
2 EL brauner Zucker

FÜR DIE ORANGE MESS:

3 Bio-Orangen
25 g Zucker
10 g Butter
1 EL Grand Marnier oder Cointreau

FÜR DIE CRÈME CHANTILLY:

200 ml Schlagsahne
1 Pkg. Vanillezucker
1 Passionsfrucht

Mit keinem anderen Menschen konnte ich besser spielen als mit meinem lieben Freund Christian. Unseren Spielen wohnte eine beglückende und anarchische Kraft inne. Wir konnten uns dabei den normalen Regeln der Welt entziehen und für die Zeit des Spiels nach unseren eigenen leben.

Einmal verbrachten wir ein Wochenende auf einer mittelalterlichen Burg im Süden Österreichs. Dort spukte es angeblich. Um die Geister zu verwirren, tauschten wir für das gesamte Wochenende unsere Kleider. Ich trug seine vor allem hellblauen Hemden mit Einstecktuch und Hosen und er meine Sommerkleider. Wir wurden vom Hotelpersonal zwar blöde angesehen, aber es hat uns kein einziger Burggeist erkannt und erschreckt! Dies ist das Lieblingsdessert meines Freundes und Spielkameraden Christian.

―――――

Backofen auf 200 °C (Ober- und Unterhitze) vorheizen. Aus dem Blätterteig zwei Kreise mit etwa 16 cm Durchmesser ausstechen oder mit dem Messer zuschneiden. Mehrmals mit der Gabel einstechen. Mit Eigelb bestreichen und mit braunem Zucker bestreuen. Auf einem mit Backpapier ausgelegten Backblech etwa 12 Minuten backen, bis die Tellerchen goldbraun und knusprig sind. Herausnehmen und etwas abkühlen lassen.

Die Schale von 2 Orangen abreiben und beiseite stellen. Dann deren Fruchtfleisch über einer anderen Schüssel filetieren. Von der letzten Orange 2-4 hübsche Scheiben abschneiden. Den restlichen Saft auspressen und zu den Orangenfilets geben. In einer Pfanne die Orangenscheiben mit 2-3 EL Zucker karamellisieren. Herausfischen und beiseite stellen.

In derselben Pfanne den restlichen Zucker schmelzen und honigbraun karamellisieren. Butter, Grand Marnier und die Orangenfilets samt Saft dazugeben. Alles etwa 8 Minuten köcheln, bis die Sauce eindickt. Mit dem Stabmixer ein wenig pürieren. Abkühlen lassen.

Für die Creme die Sahne mit Vanillezucker und der Orangenschale aufschlagen. Ich mag es gerne nicht ganz fest. Die Passionsfrucht halbieren, das Fruchtfleisch herauslöffeln und mit dem Orange-Mess-Kompott mischen. Aromatisierte Schlagsahne großzügig auf den knusprigen Teigtellern verteilen. Dann Orange Mess darüberlöffeln. Dann kommt noch mal etwas Schlagsahne. Mit etwas Sauce, einer Orangenscheibe und evtl. einer hübschen Physalis krönen.

MOHNSCHMARREN MIT ZWETSCHGENRÖSTER

Für 2 Personen

FÜR DEN ZWETSCHGEN-RÖSTER*:

250 g Zwetschgen, entsteint und halbiert
etwas Zucker
etwas Wasser
1 Zimtstange
1 kleines Stück Ingwer
etwas Bio-Zitronenschale

FÜR DEN SCHMARREN:

2 Eier
125 ml Milch
1 TL Vanillezucker
abgeriebene Schale von ½ Bio-Zitrone
1 Prise Salz
60 g Mehl
2 EL Mohn, gemahlen
15 g Zucker
2 TL Butter
Puderzucker zum Bestreuen

*
Mit Gewürzen und wenig Wasser gedünstete Zwetschgen, von der Konsistenz her zwischen Kompott und flüssiger Marmelade.

Zwetschgen mit Zucker, Wasser und den Gewürzen in einem Topf einmal aufkochen und dann bei kleiner Flamme zugedeckt weich dünsten. Den Deckel abnehmen, etwas einkochen lassen. Zum Abkühlen beiseite stellen.

Die Eier trennen. *Es gibt aber ein Happy End und sie kommen wieder zusammen, also nicht traurig sein!* Eigelb mit Milch, Vanillezucker, Zitronenschale und Salz verrühren. Das Mehl in eine Schüssel sieben. Vorsichtig mit einem Drittel der Milchmischung übergießen. Diesen Teig rasch glatt rühren. Dann den Rest der Milch und den Mohn unterrühren. Eiweiß mit Zucker steif schlagen und unter die Mohnmasse heben. In einer Pfanne 1 TL Butter schmelzen und die Hälfte des Teigs einfüllen. Erst wenn die Unterseite eine hübsche Farbe angenommen hat, wenden und den Schmarren fertig backen. Am Schluss mit zwei Holzlöffeln oder -gabeln in Stücke reißen. *O weh, das hört sich aber brutal an!* Mit der zweiten Teighälfte ebenso verfahren. Jeweils mit Puderzucker bestreut servieren.

SCHOKOLADENTARTE

Für eine Tarte mit 16 cm Ø

FÜR DEN BODEN:

100 g weiche Butter

65 g Puderzucker

1 kleines Ei

1 Prise Salz

115 g Mehl

25 g Mandeln, gemahlen

FÜR DIE WEICHE BISKUITEINLAGE:

1 Ei, getrennt

30 g Zucker

10 g Kakaopulver

Wäre diese Tarte ein Mann, in den ich mich gerade verliebt hätte, und er würde (zu Recht übrigens) zu mir sagen: „Hör mal, ich bin kompliziert, möchtest du das?" Dann würde ich sagen: „Ja! Ich möchte das sehr gerne." Diese Tarte ist ganz toll. So wie es eben oft auch bei komplizierten Menschen der Fall ist.

———

Butter und Puderzucker schaumig rühren. Ei und Salz unterrühren und dann Mehl und Mandeln einarbeiten. Den Teig kurz durchkneten und für mindestens 1 Stunde (oder noch besser über Nacht) in Frischhaltefolie kühl ruhen lassen.

Backofen auf 150 °C (Ober- und Unterhitze) vorheizen. Den Teig vor dem Weiterverarbeiten Raumtemperatur annehmen lassen. Dann ausrollen und eine gut gebutterte runde Springform mit dem Teig auskleiden. Auch etwa 2 cm an den Rändern hochstehen lassen. Mehrmals einstechen und 25 Minuten vorbacken. Aus dem Ofen nehmen und abkühlen lassen. Ofentemperatur auf 190 °C erhöhen.

Nun zum Biskuit: Eigelb mit der Hälfte des Zuckers aufschlagen. Das Eiweiß mit dem restlichen Zucker cremig aufschlagen. Den Schnee unter die Eigelbmasse ziehen. Das Kakaopulver darübersieben. Gut und vorsichtig unterheben. Die Masse auf ein mit Backpapier belegtes Blech streichen und im Ofen bei 190 °C (Ober- und Unterhitze) ca. 12 Minuten backen. Herausnehmen, Biskuit auf ein sauberes umgedrehtes Backblech stürzen. Das Backpaper gleich abziehen (eventuell vorher etwas anfeuchten, wenn es nicht gut geht). Biskuit so zuschneiden, dass es in den vorgebackenen Tarteboden passt.

▷ Bitte umblättern

FÜR DIE FÜLLUNG:

1 Eigelb

50 g Zucker

170 ml Milch

1 Kardamomkapsel, zerdrückt

190 g sehr gute Zartbitterschokolade, grob geraspelt

1 Handvoll Schokoraspel

Für die Füllung Eigelb und Zucker schaumig schlagen. Milch zusammen mit dem Kardamom zum Kochen bringen. Die Hälfte davon unter Rühren in die Ei-Zucker-Mischung einarbeiten. Alles zurück zur restlichen Milch in den Topf gießen und unter ständigem Rühren wieder erhitzen, bis die Masse eindickt und den Rührlöffel sämig überzieht. Durch ein Sieb über die Schokolade gießen, sodass sie dahinschmilzt. Gut durchrühren und gut abkühlen. Erst dann die Tarteform bis kurz unter den Rand füllen. Im Kühlschrank für mindestens 1 Stunde richtig schön durchkühlen lassen.

Kurz vor dem Servieren mit Schokoraspel bestreuen. Nun Telefon, Computer und sonstige störende Geräte abschalten und Torte essen!

———

Spielwiese: Ganz besonders schokoladig wird es, wenn Sie statt der Schokoladeraspel noch eine glänzendweiche Glasur auf die Torte gießen. Dafür 3 Blatt Gelatine einweichen. 80 ml Wasser, 70 ml Schlagsahne und 150 g Zucker aufkochen und verrühren. Die ausgedrückte Gelatine darin auflösen und 50 g Kakaopulver unterrühren. Kurz aufmixen, durch ein Sieb seihen und lauwarm auf die Tarte gießen. Dann erst kühlen.

ZITRONENTARTELETTES UNTER DER HAUBE

Für 2–4 Tartelettes

100 g weiche Butter
65 g Puderzucker
1 kleines Ei
1 Prise Salz
115 g Mehl
25 g Mandeln, gemahlen
Hülsenfrüchte zum Blindbacken

FÜR DIE ZITRONEN-FÜLLUNG:

20 g Eiweiß
2 Eigelb
50 g Zucker
60 ml Zitronensaft und etwas Orangensaft
30 g Butter

FÜR DIE BAISERHAUBE:

1 Eiweiß
40 g Zucker

Die kleinen Küchlein sind zuerst schön süß und dann ordentlich sauer! Das erinnert mich an einen meiner Freunde, dessen Name hier nichts zur Sache tut. Dem hübschen Kerl kann niemand widerstehen. Betritt er einen Raum, sind die Blicke aller sofort auf ihn gerichtet. Ein unbestimmtes Knistern liegt in der Luft. Frauen und Männer werden gleichermaßen nervös. Nur aus unterschiedlichen Gründen.

Er hat mehr Frauen den Kopf verdreht und kurz darauf das Herz gebrochen als sonst irgendjemand, den ich kenne. Meins auch! Aber was soll's! Wie viele ungewöhnliche Menschen berührt auch er uns in besonderem Maße. Im Guten wie im Schlechten. Er ist trotz seiner dunklen Seiten bezaubernd. Ich breche hier eine Lanze für alle Strizzis*!

———

Butter und Zucker schaumig rühren. Ei und Salz unterrühren und dann Mehl und Mandeln einarbeiten. Kurz durchkneten und für mindestens 1 Stunde (oder noch besser über Nacht) in Frischhaltefolie kühl ruhen lassen.

Backofen auf 200 °C (Ober- und Unterhitze) vorheizen. Den Teig vor dem Weiterverarbeiten Raumtemperatur annehmen lassen. Dann ausrollen und die Tarteletteformen mit Teig auskleiden. Auch etwa 1–2 cm am Rand hochstehen lassen. Den Teig einstechen, mit Backpapier belegen und mit Hülsenfrüchten beschweren. Etwa 8–10 Minuten vorbacken. Die Hülsenfrüchte entfernen und weitere 5 Minuten backen. Aus dem Ofen nehmen und abkühlen lassen. Ofentemperatur auf 180 °C reduzieren.

Für die Zitronenfüllung Eiweiß, Eigelb und 1 EL Zucker 5 Minuten schaumig rühren. Zitronen- und Orangensaft, Butter und restlichen Zucker in einem Töpfchen bei kleiner Hitze schmelzen. Unter kräftigem Rühren in dünnem Strahl in die Ei-Zucker-Mischung einarbeiten. Zurück in den Topf gießen und unter ständigem Rühren nochmals erwärmen, bis die Masse eindickt. Die Masse darf aber keinesfalls kochen, sonst gerinnt sie. Die Zitronenfüllung in die Tartelettes gießen und etwa 20 Minuten backen. Herausnehmen und gut abkühlen lassen.

Dann die Grillfunktion des Backofens einschalten. Das Eiweiß schlagen, bis es fest zu werden beginnt. Den Zucker nach und nach einstreuen und weiterschlagen, bis er sich aufgelöst hat. Weiterschlagen, bis das Eiweiß freche Spitzen bildet. Jedes Törtchen unter einem weißen, unschuldigen Eiweißhäubchen verstecken. Mit einem Löffelrücken Spitzen ziehen. Die Häubchen der Tartelettes unter ständiger Beobachtung unter dem Grill leicht bräunen.

*
Strizzi bezeichnet im Wienerischen einen unberechenbaren, aber charmanten Menschen (meist männlichen Geschlechts) mit großem Herz und einer sanft kriminellen Neigung.

NACHSPEISEN

HABT ACHT!
KIRSCHKUCHEN MIT KERNEN

Für einen runden Kuchen von ca. 16 cm Ø

125 g weiche Butter
125 g Zucker
1 TL Vanillezucker
2 Eier, getrennt
abgeriebene Schale von ½ Bio-Zitrone
125 g Mehl
½ TL Backpulver
½ TL Natron
1 Prise Salz
400 g Kirschen
60 ml Schlagsahne

Ich liebe Kirschen! Als Kind hatten wir einen Kirschbaum in unserem Garten. Es war ein freundlicher Baum, seine Äste machten einem das Klettern leicht und bildeten auf halber Höhe in einer Astgabel einen bequemen Hochsitz, von dem aus ich die dunkelroten, saftigen Kirschen gut erreichen konnte. Da oben saß ich, vom Sommerwind gestreichelt, und stopfte mich mit den sonnenwarmen Früchten voll. Die Kerne spuckte ich in hohem Bogen hinunter in den Garten, aufdass möglichst viele neue Kirschbäume wachsen mögen. Das Leben kann manchmal sehr schön sein!

―――――

Backofen auf 180 °C (Ober- und Unterhitze) vorheizen. Butter und Zucker und Vanillezucker schaumig rühren. Eigelbe einzeln einarbeiten, dann die Zitronenschale. Zum Schluss das Mehl mit Backpulver und Natron einarbeiten. Eiweiß mit einer Prise Salz steif schlagen und unter den Teig heben. Den Teig in eine gut gebutterte Springform füllen. Einen Teil der Kirschen in den Teig drücken. Im Ofen etwa 45–50 Minuten goldgelb backen. Mit einem Holzstäbchen prüfen: Wenn kein Teig mehr haften bleibt, ist der Kuchen fertig. Die Sahne schlagen und auf dem Kuchen verteilen und die restlichen Kirschen – alle Stängel nach oben! – auf den Kuchen türmen.

KLEINE GEHEIMNISSE

Braucht jede Beziehung!

APFELBROT

Für 2 Personen

2 Scheiben gutes, würziges dunkles Brot
gute kalte Butter
1 kleiner süß-säuerlicher Apfel,
bevorzugt Cox Orange oder Rubinette

Das gute Brot hat mir in meiner Studentenzeit in Hamburg
oft das Leben gerettet. Hunger, Trost, süß und billig eben.

Die Brotscheiben dick mit Butter bestreichen. Den Apfel in dünne Scheiben schneiden. Auf das Brot legen und essen.

FRENCH TOAST À LA ELSA

Für 2 Personen

- 4–6 Scheiben Buttertoast, ganz flauschig soll er sein und buttrig
- 2–3 Eier
- 1 Schuss Milch oder Schlagsahne
- Butter zum Braten
- Maldon-Salzflocken
- Ketchup ohne Konservierungsstoffe und ohne Geschmacksverstärker – ja so was gibt's
- Schnittlauch

Damit kann ich meiner Tochter und ihren Freundinnen zu jeder Tageszeit Freude machen. Besonders aber zum Frühstück, das an Wochenenden, den Gesetzen der Pubertät folgend, meist erst gegen 14 Uhr oder später stattfindet. Kaum zu glauben, wie einfach es manchmal ist. Da soll noch mal einer sagen, wir Frauen seien kompliziert.

———

Die Rinde des Toastbrots wegschneiden. Die kann man für Brotwürfel trocknen und später daraus Knödel machen.

Die Eier in einen tiefen Teller aufschlagen. Mit Milch oder Sahne durchmischen. Die Brotscheiben sorgfältig in der Eimischung tränken. Die Butter in einer Pfanne zerlassen und die Brote darin goldbraun ausbacken. Mit Maldon-Salzflocken bestreut servieren. Meine Tochter mag Ketchup dazu, aber Schnittlauch macht sich auch gut oder Gurkensalat. Der geht so: 2 kleine Gartengurken in feine Scheiben schneiden, mit Reisessig und Olivenöl sowie etwas Sojasauce und Ahornsirup anmachen *(marinieren ist gemeint, nicht flirten)*.

KLEINE GEHEIMNISSE

MAMAS LORBEERKAFFEE

Für 1 Person

1 einfacher Espresso
weißer Zucker
2 frische Lorbeerblätter
1 Stückchen Schokolade (Chili-Passionsfrucht)

Diesen Kaffee hat meine Tochter für mich erfunden. Ich hatte damals einen wirklich blöden Tag und war schon zu Mittag völlig aus dem Häuschen. Da verschwand meine Tochter in der Küche und kam wenige Minuten später wieder heraus und servierte mir auf dem Balkon in der Mittagssonne diesen Kaffee. Gleich danach war alles wieder gut.

Den Espresso mit Zucker süßen, die Lorbeerblätter an den Rändern einschneiden oder einritzen und in den Kaffee stecken.* Das Schokoladestückchen auf den Löffel legen. Zuerst die Schokolade essen, den Kaffee darüber trinken und auch noch an den Blättern saugen. Vielleicht ist es die Mischung aus Süße, Kräftigung und kindischem Lutschen, die einen sofort wieder glücklich macht.

*

Wenn Sie den Lorbeergeschmack intensivieren möchten,
dann schneiden Sie 2–3 frische Lorbeerblätter an den Rändern ein.
Geben Sie sie zusammen mit 2 EL Zucker in ein Schraubglas und lassen Sie
das Ganze ein paar Tage ziehen, bis der Zucker nach Lorbeer schmeckt.

PETITES DÉLICES. HEIDESANDKEKSE MIT HEIDELBEEREN

Für alle Fälle

FÜR DEN TEIG:

125 g Mehl

90 g Butter

45 g Zucker

1 kleines Eigelb

½ Päckchen Vanillezucker

etwas abgeriebene Zitronenschale

Schlagsahne

3 TL Zucker

300 g echte Waldheidelbeeren oder andere frische Beeren

Aus allen Teigzutaten rasch einen Mürbeteig kneten. Etwa ½ Stunde im schicken Frischhaltefolienmantel im Kühlschrank ruhen lassen. Dann Kekse nach Wahl ausstechen. Mit Eigelb bestreichen und im Ofen bei 180 °C (Ober- und Unterhitze) goldgelb backen. Sahne mit Zucker aufschlagen. Auf den Keksen verteilen und mit Beeren krönen. Dazu Süßwein oder etwas Prickelndes trinken. Wie etwa den Veilchenchampagner von S. 204.

PUNCH-DRUNK, LOVE.*
NURI-BROT

Für 2 Personen

1 Dose Nuri-Sardinen**
4 Scheiben Baguette oder 2 Scheiben Schwarzbrot
eiskalte Butter
Zitronen
Chiliflocken

**
Falls Sie keine bekommen: Einfach andere gute, scharf eingelegte Sardinen kaufen!

Zu später Stunde stand ich an der Bar eines Clubs, als mir plötzlich jemand von rechts etwas ins Ohr brüllte, das sich anhörte wie: „You lost your spirit." Ich drehte mich um und wollte gerade etwas Schlagfertiges antworten, aber vor mir stand ein so atemberaubend schöner Mann, dass es mir glatt die Sprache verschlug. Eigentlich hatte Sergio – so hieß der schöne Mann – „You got spirit" gesagt, wie ich später erfuhr. Nach einer ersten Schrecksekunde antwortete ich etwas Freches und das führte zu einem wilden Disput, den wir immer noch führten, als der Club Sperrstunde machte, als wir versuchten, im Tiergarten bei den Tigern einzusteigen – was uns glücklicherweise nicht gelang –, als wir zu Fuß nach Hause wanderten und der Morgen mit seinem seltsam veilchengraublauen Himmel graute und die Vögel wild dazu zwitscherten. Ununterbrochen stritten wir uns – worüber weiß niemand! Erst als ich uns, bei mir zu Hause angekommen, diese herrlichen Nuri-Brote machte, verstummte der Disput und ging nahtlos in friedliche Müdigkeit über.

Heute – etwa 20 Jahre später – sind wir gute Freunde und müssen uns nicht mehr streiten. Ich glaube fest, es liegt an den Nuri-Broten.

———

Die Dose öffnen, die Sardinen herausnehmen, vom Rücken her öffnen und das Rückgrat herausnehmen. Zusammen mit dem Öl, dem Gemüse und vor allem den kleinen roten Chilischoten mit einer Gabel gut zerdrücken. Die Brote dick mit Butter bestreichen und die Sardinenmasse darauf verteilen. Mit Zitronensaft und Chiliflocken aromatisieren.

*
Punch-Drunk, Love (USA 2002)
Buch & Regie: Paul Thomas Anderson / Produktion: P. T. Anderson, Joanne Sellar, Daniel Lupi

GUTEN-MORGEN-KUSS-KUSS

Für 2 Personen

250 ml Milch
200 g Couscous
2 EL Schlagsahne
frisches Obst:
Aprikosen, Erdbeeren, Heidelbeeren, Brombeeren, Pfirsiche
2 TL Monin Passionsfruchtsauce
Gojibeeren

Die Milch erwärmen und über den Couscous gießen. Ein paar Minuten quellen lassen. In der Zwischenzeit alle Früchte putzen. Aprikosen und Erdbeeren hübsch zurechtschneiden. Couscous mit Sahne und Passionsfruchtsauce abschmecken. Mit den Früchten bestreuen. Und die Gojibeeren darüber verteilen.

LARDO MIT SAUERTEIGBAGUETTE & RHABARBER

Für 2 Personen

gutes Baguette
mehrere Scheiben Lardo

FÜR DEN RHABARBER:
3 Stangen roter Rhabarber
4 EL Zucker
etwas Orangensaft
ein paar feine Schalenstreifen einer Bio-Orange

Zuerst den Rhabarber schälen und in schräge Scheiben schneiden. Den Zucker mit etwas Wasser hellbraun karamellisieren. Den Rhabarber dazugeben und mit Karamell überziehen. Mit Orangensaft aufgießen und zugedeckt weich dünsten. Eventuell noch nachsüßen. Abkühlen lassen. Das Brot in Scheiben schneiden, die Lardoscheiben großzügig darauf verteilen. Etwas Rhabarber daraufgeben und einen dünnen Streifen Orangenschale obendrauf legen. Dazu schmeckt Rosé Champagner oder eiskalter Rosé.

ROTER RÜBENSPECK MIT KRENRAHM*

Für 2 Personen

1–2 Rote Rüben
Olivenöl
Salz, weißer Pfeffer aus der Mühle
3 EL Sauerrahm
1 EL Kren

Rote Rüben schälen und mit einem Sparschäler in hauchdünne Streifen schälen. Olivenöl in einer Pfanne erhitzen und die Rote-Rüben-Streifen darin knusprig braten. Auf Küchenpapier abtropfen lassen. Salzen und Pfeffern. Den Sauerrahm mit Kren vermischen, den Roten Rübenspeck darin dippen und gleich alles wegnaschen.

*
Rote Rüben = Rote Beten,
Sauerrahm = Saure Sahne, Kren = Meerrettich

GEFÜLLTE EIER

Für 2 Personen

2 Eier
1 Frühlingszwiebel, fein gehackt
6 Sardellenfilets
2 TL Mayonnaise
je 1 Hauch Curry- & Chilipulver
Salz, Pfeffer
ein paar rosa Pfefferbeeren

Die Eier hart kochen, abschrecken und schälen. Halbieren und die Eigelbe herauslöffeln. In einer Schüssel mit fein gehackten Zwiebeln und 4 fein gehackten Sardellenfilets und Mayonnaise gut durchmischen. Mit Salz, Pfeffer, einem Hauch Curry und Chili abschmecken. Die Masse in die Eier zurückfüllen und mit den restlichen Sardellen und Pfefferbeeren krönen.

DRINKS

Auf die Liebe, auf das Leben
und auf rauschhafte Zeiten!

PINK EMPIRE

Für 2 Gläser

**12 cl Blue Gin oder von Ihrem Lieblingsgin,
da gibt es ja jede Menge
2 Fever-Tree Mediterranean Tonics
6–8 TK-Himbeeren oder frische, wenn sie Saison haben
2–4 Dashes Himbeersirup
etwas Minze**

Zwischen Gin Tonic und mir gibt es sie: die ewige Liebe! Es war, ist und wird immer mein absoluter Lieblingsdrink sein.

Die TK-Himbeeren antauen lassen. Die frischen einfach so verwenden. Je drei mit einer Gabel in einem Glas etwas andrücken. Den Himbeersaft dazu dashen und einmal umrühren. Nun die Eiswürfel dazu, den Gin angießen und mit Tonic auffüllen. Mit etwas Minze garniert servieren.

ALOHA TROPICAL DELIGHT.
HAWAII IN A POT

Für 2 Becher

8 cl Kokoslikör

8 cl Wodka
(wenn man den Drink stärker möchte,
sonst weglassen)

16 cl Ananassaft

2 Dashes Ananassirup

1 Zitrone, Saft ausgepresst

Melonenkugeln

Ananasstücke

Cocktailkirschen

Tropical Delight nennt man einen Gartenschlauch, an den eine feinstrahlige Gießhilfe angeschlossen ist und den man so an einer Stange befestigt hat, dass der Wind das kühle Wasser in unregelmäßigen Böen als zarten Regenhauch über den hitzigen Körpern zerstreut, die auf der Dachterrasse in der Sommersonne braten. Dazu hört man Hawaii-Musik und trinkt diesen Drink und schwupps – schon ist man in Maui!

Einen Shaker mit 5-6 Eiswürfeln füllen. Alle flüssigen Zutaten rein und nicht zu lange shaken. Zwei Tumbler oder gekühlte Steingutbecher mit je 3 Eiswürfeln füllen. Drink abseihen, einfüllen und garnieren, wie es Ihnen gefällt. Ich mach's mit Ananasstücken, Melonenkugeln und jeder Menge Cocktailkirschen. Der Drink schmeckt so wenig nach Alkohol, dass man ihn trinken möchte wie Limonade. Aber Achtung – er kann schon was, besonders wenn man ihn mit Wodka macht!

CYNAR.
ES IST, WAS ES IST.
UND ES IST GUT.

Für 2 Gläser

12 cl Cynar

2 Zitronen

Sodawasser

Es kommen je 3 Eiswürfel in schöne Gläser. Darüber wird Cynar gegossen, den ausgepressten Saft von je einer halben Zitrone und eine Zitronenscheibe dazugeben. Mit einem nicht allzu kräftigen Schuss Sodawasser krönen, damit es ein wenig prickelt.

SEELENTRÖSTER.
FRANGELICO LIMETTE

Für 2 Gläser

**12–16 cl Frangelico
(das sind, anders gesagt,
pro Glas 2 Fingerbreit hoch)
2 Limettenviertel
6–8 Eiswürfel**

Nicht nur, dass die Frangelico-Flasche reizend aussieht, nämlich wie ein Franziskanermönch in Kutte – sogar die Gürtelkordel ist dabei: Es ist auch der lustigste Drink, den ich kenne. Ich sage Ihnen hiermit voraus, dass derjenige, dem Sie ihn servieren, nach dem ersten Schluck sofort zu lachen, zumindest jedoch zu lächeln beginnen wird. Darum serviere ich ihn gerne, wenn in meinem Freundeskreis jemand traurig ist.

In ein bauchiges oder schweres Glas 3–4 Eiswürfel füllen. Frangelico darübergießen. Ein Limettenviertel ins Glas ausdrücken und die ausgedrückte Limette ins Glas fallen lassen. Trinken. Danach den Vorgang wiederholen. *Beliebig oft, wollte ich jetzt fast sagen, aber davon rate ich ab, denn der lustige Kerl hat doch immerhin 20 % Alkohol.*

PERNOD SOUR ODER MS. WALLBANGER

Für 2 Gläser

12 cl Pernod oder Galliano (übrigens: 1 cl = 10 ml)
1 Limette, frisch gepresst
2 Orangen, frisch gepresst
2 cl Läuterzucker
2 Dashes Cointreau
Orangen- und/oder Limettenscheiben
Cocktailkirschen

Ich habe mal als Barkeeperin in einer Wiener Innenstadtbar gearbeitet. Aus dieser Zeit habe ich eine spezielle Menschenkenntnis und das Rezept für diesen Drink, den mein Kollege damals für mich erfunden hat. Es ist ein magischer Drink. Wann immer ich ihn getrunken habe (oder auch andere, wie mir berichtet wurde), hat sich der Abend sehr unterhaltsam entwickelt. In einer guten Bar wird man ihn gerne für Sie zubereiten, auch wenn er nicht auf der Karte steht. (Er steht auf keiner Karte.) Im Grunde funktioniert er wie Whiskey Sour. Nur eben mit Pernod.

5–6 Eiswürfel in einen Shaker geben. Pernod oder Galliano, Limetten- und Orangensaft sowie Cointreau und Läuterzucker dazu. Deckel drauf und shaken (nicht zu kräftig und nicht zu lange, sonst lässt das Eis Wasser). Einen Tumbler mit 3 frischen Eiswürfeln befüllen. Den Pernod Sour durch das Sieb angießen. Wenn er gut geworden ist, trägt er eine kleine weiße Schaumkrone. Mit Orangenscheibe und Cocktailkirsche garnieren und ganz ohne Schirmchen servieren.

VIOLET ET MOI.
VEILCHENCHAMPAGNER

―――――

Für 1 langes Gespräch

―――――

1 Flasche Rosé Champagner
(oder fast noch besser: Bründlmayer Rosé)
Veilchenlikör
kandierte Veilchen

Den serviere ich zum Mädchenabend, wenn ich eine meiner Freundinnen oder alle zu mir zum Abendessen einlade. Dann gibt es Veilchenchampagner, etwas Gutes zu essen und ein langes, langes, langes Gespräch. Herrlich!

―――――

Pro Glas einen kleinen – oder kräftigen – Schuss Veilchenlikör ins Glas (je nachdem wie süß Sie es mögen) und mit Champagner oder eben Bründlmayer Rosé aufgießen. Ein kandiertes Veilchen mit hineingeben.* Dazu als Appetizer die Lardo-Brote mit Rhabarber von S. 186 servieren.

*

Und jetzt passen Sie auf, was das Veilchen macht.
Das ist lustig!

SICH BERAUSCHEN

Ob an Sonnenuntergängen an griechischen Stränden, an Blumenduft im eigenen oder fremden Garten, an langen Stadt-, Land- oder Waldspaziergängen, an Schönheit, Klugheit, Musik, Theater, Kunst, an Tanz, Essen oder Trinken, am Augenblick, am Anblick des anderen, an sich selbst, alles ist erlaubt. Etwas Rausch und Ekstase braucht jede Liebe.

REBEL WITHOUT A CAUSE.*
AMER BIÈRE

Für 2 Gläser

2–4 Orangen in Scheiben
12 cl Amer Picon
Zitronensaft
2 kleine, milde Biere vom Fass, kein Pilsener!

Amer Bière ist ein Aperitif aus dem Elsass, bestehend aus Amer Picon, einem bitteren Orangenlikör, und Bier vom Fass. Früher verbrachten meine Freunde und ich Ostern gerne in Baden-Baden. Fröhliche Fressausflüge ins Elsass waren Teil des Ostervergnügens. Nach einem besonders ausgedehnten Ausflug gerieten wir in eine Polizeikontrolle. (Kinder weghören: Ich hatte einige Amer Bières und Elsässischen Riesling getrunken – kein Zweifel, dass es zu viel war!) Mit den Worten: „Die hänge ich ab …" fuhr ich dem Polizeiwagen davon. Daraus wurde nichts. An der nächsten Tankstelle hatten sie uns erwischt.

Die Nacht musste ich dann im idyllischen Baden-Baden in einer weniger idyllischen Gefängniszelle verbringen. Dort rief ich unablässig, um die Herren von der Polizei zu ärgern und weil es sich so gut anfühlte: „You wanna hear a rebel yell?" Also, wenn ich es mir recht überlege, muss ich wohl mal ein Amer Bière auf die Polizei von Baden-Baden trinken. Sie haben in jener Nacht wirklich Geduld bewiesen und sich durch mein Geschrei nicht aus der Ruhe bringen lassen. Prost, Polizei von Baden-Baden!

———

Erst 2–3 Eiswürfel, die Orangenscheiben und den Likör ins Glas, dann den Zitronensaft. Einmal umrühren. Vorsichtig mit Bier aufgießen und dann Prost!

———

Spielwiese: Man könnte statt Amer Picon auch etwas Cynar mit Orangen- und Zitronensaft mischen, denn der Originallikör ist wirklich schwierig zu bekommen. Das schmeckt dann allerdings etwas bitterer als das Original – aber auch gut.

*
Rebel Without A Cause (USA 1955)
Regie: Nicholas Ray / Drehbuch: Stewart Stern, Irving Shulman / Produktion: David Weisbart

ORANGENKAKAO KALT-WARM

Für 2 Tassen

4 TL gutes Kakaopulver
4 cl Cointreau
ca. 250 ml sehr (!) heiße Milch
geschlagene (!) Sahne
Orangenschale und grob (!) geriebene Schokolade

Sich gegenseitig kalt-warm geben – so sagt man in Wien, wenn man sich heftig streitet. Manchmal braucht man einfach einen heißen Kakao mit Schlagsahne. Nein, ich möchte nicht darüber reden!

Das Kakaopulver mit dem Cointreau anrühren. Mit sehr heißer Milch aufgießen. Mit sehr kalter Schlagsahne toppen. Orangenschale und Schokolade darüberreiben. *Es wird alles wieder gut. Wetten?*

SPARKLING TIMES

Für 2-3 Stunden

---

2 Flaschen Apfel-Cidre oder mehr
2 Äpfel in Scheiben
1 Limette in Scheiben
1 TL rote Pfefferbeeren
Zitronenminze
1 Schuss Ahornsirup für jene, die es süß mögen

Ich bin ein Cidre-Fan, seit ich mit meinem großen schönen Mann einen lauen Sommernachmittag, lokalen Cidre trinkend, auf der Terrasse eines reizenden englischen Hotels verbracht habe. Die Sonne schien uns anfangs ins Gesicht, Schafe blökten und Schäfchenwolken huschten über den langsam dunkler werdenden Himmel. Die Landschaft war, wie es die englische nun mal ist, sanft hügelig und sehr schön. Dank des aufmerksamen Kellners waren unsere Gläser stets gefüllt, bis die Sonne nicht mehr schien, scheint mir! Was soll ich sagen: Es war einer von diesen seltenen vollkommenen Momenten.

Eiswürfel, Apfel- und Limettenscheiben auf 2 Gläser verteilen. Die Pfefferbeeren leicht andrücken und zusammen mit der Limette und der Minze ebenfalls ins Glas geben. Mit etwas Ahornsirup übergießen und mit Cidre auffüllen. Wenn das Glas leer ist, wieder mit Cidre auffüllen.

REGISTER

V = **VORSPEISE**
H = **HAUPTSPEISE**
N = **NACHSPEISE**
G = **GEHEIMNIS**
D = **DRINK**

A

Ahoi-Brot mit Ei & Kresse (V), S. 28
Aloha Tropical Delight (D), S. 197
Amer Bière (D), S. 209
Apfelbrot (G), S. 174
Aprikosen, pochiert, mit Passionsfrucht & Amaretti (N), S. 155
Artischocken mit zweimal Paradiessauce (V), S. 62

B

Baiser-Eclairs mit Himbeerfüllung (N), S. 156
Beerengalette (N), S. 126
Birnen, Bohnen & Speck (H), S. 86
Blütenomelett mit Tomaten, grünem Chili & Frühlingszwiebel (V), S. 20
Bohnen, weiß, mit Blutwurst und Majoran (V), S. 47
Brot, Apfel- (G), S. 174
Brot, Nuri- (G), S. 183
Brot mit Nordseekrabben, Ei & Kresse (V), S. 28
Buchteln mit Wurstfüllung & Apfelkompott (H), S. 112
Burger, Entenbrust-, mit Rettichsalat (H), S. 117
Buttermilchfluff mit Himbeerbonbons (N), S. 148

C

Ceasar Salad (V), S. 22
Champagner, Veilchen- (D), S. 204
Couscous mit Merguez (H), S. 80
Couscous, Guten-Morgen- (G), S. 185
Cynar (D), S. 199

E

Easy Tiger Ceasar Salad (V), S. 22
Eier, gefüllt (G), S. 190
Entenbrustburger mit Rettichsalat (H), S. 117

F

Feigen mit Cassis (N), S. 153
Fisch, Ofen- (H), S. 101
Fleischbällchen mit Schmorgurken & Steinpilzen (H), S. 96
Forellencreme mit Forellenkaviar (V), S. 51
Frangelico Limette (D), S. 200
Frankfurter Grüne Sauce mit jungen Kartoffeln & süßem Champagner (H), S. 103
French Toast à la Elsa (G), S. 177
Frühlingssuppe, grün, mit Waldmeister & Wachtelei (V), S. 39

G

Galette, Beeren-, mit Himbeerfüllung (N), S. 126
Gemüsegulasch, feines, mit Vanille & Butterkartoffeln (H), S. 72
Goldene Suppe mit Frittaten (V), S. 19
Grießnocken mit Hollerkoch (N), S. 136
Grünkohl-Pancakes mit Speck (H), S. 104
Grütze, Stachelbeer-, mit molliger Vanillesauce (N), S. 122
Grütze, Waldmeister-, mit molliger Vanillesauce (N), S. 122
Guten-Morgen-Kuss-Kuss (G), S. 185

H

Hawaii in a Pot (D), S. 197
Heidesandkekse mit Heidelbeeren (G), S. 180

J

Jakobsmuscheln mit Blumenkohlcreme & schwarzen Johannisbeeren (V), S. 34

K

Kaffee, Lorbeer- (G), S. 178
Kakao, Orangen- (D), S. 211
Kalbsvögerl, geschmort, mit Schupfnudeln & Speckwirsing (H), S. 109
Kaninchen so & so mit Lauch & Süßkartoffeln (H), S. 68
Karottenmix, geschmort, mit Orangen & Pistou (V), S. 45
Kartoffel-Lauch-Suppe mit Salatherzen (V), S. 41
Kekse mit Apfelkrone & Baileys-Karamell (N), S. 145
Kekse mit Heidelbeeren (G), S. 180
Kirschkuchen mit Kernen (N), S. 171
Kürbisscheiben, gebraten, in fescher Panier (V), S. 61

L

Lammkoteletts royal mit Zwiebel & Salbei (H), S. 79
Lardo mit Sauerteigbaguette & Rhabarber (G), S. 186
Lorbeerkaffee (G), S. 178

M

Maisküchlein mit Tomatensalsa (H), S. 71
Matjes, ganz klassisch (H), S. 88
Merguez mit Couscous (H), S. 80
Mohnschmarren mit Zwetschgenröster (N), S. 163
Morchelragout mit Frühlingsgemüse & brauner Butter (H), S. 98

N

Nudeln, lauwarm, mit Tomaten & Chili (H), S. 95

Nuri-Brot (G), S. 183

O

Ofenfisch (H), S. 101

Omelett, Blüten-, mit Tomaten, grünem Chili & Frühlingszwiebel (V), S. 20

Orange Mess (N), S. 160

Orangenkakao (D), S. 211

P

Pancakes, Grünkohl-, mit Speck (H), S. 104

Passionsfrucht-Tiramisu (N), S. 139

Pernod Sour (D), S. 202

Petites Délices (G), S. 180

Pink Empire (D), S. 194

Pissaladière (H), S. 114

Polentaküchlein, gefüllt, mit Basilikumsauce (H), S. 91

Pumpernickel mit Mascarpone, Erdbeeren & Rosengelee (N), S. 142

R

Ragout, Morchel-, mit Frühlingsgemüse & brauner Butter (H), S. 98

Ravioli mit Erbsen-Ziegenkäse-Füllung & Sardellenbutter (H), S. 85

Rebel Without a Cause (D), S. 209

Reisauflauf mit Himbeeren (N), S. 129

Rosenkohl im Wacholder-Honig-Kleid (V), S. 31

Rote Beten im Salzteig (V), S. 42

Rübenspeck, rot, mit Krenrahm (G), S. 189

S

Salad, Ceasar (V), S. 22

Salat, Sellerie-Apfel-, mit Granatapfel & Nüsschen (V), S. 57

Salat, Spargel-, mit Erdbeeren & Limette (V), S. 48

Salat, Zucchini- (V), S. 52

Sardinen mit süßen Zwiebeln & Pinienkernen (V), S. 15

Saure Wurst (V), S. 27

Schmarren, Mohn-, mit Zwetschgenröster (N), S. 163

Schokobombe vom Finsteren Stern (N), S. 130

Schokoladentarte (N), S. 165

Seelentröster, Frangelico Limette (D), S. 200

Sellerie-Apfel-Salat mit Granatapfel & Nüsschen (V), S. 57

Sommernudeln, lauwarm, mit Tomaten & Chili (H), S. 95

Sommersardinen mit süßen Zwiebeln & Pinienkernen (V), S. 15

Spargelsalat mit Erdbeeren & Limette (V), S. 48

Spargelsuppe mit gebratenem Spargel & Parmesantalern (V), S. 16

Sparkling Times (D), S. 212

Stachelbeergrütze, zartrosa, mit molliger Vanillesauce (N), S. 122

Steinpilze mit Lardo (V), S. 12

Streuselkuchen, Waldheidelbeer- (N), S. 135

Strudelpäckchen mit geräucherter Makrele (H), S. 67

Sugo von Mama Traute (H), S. 119

Suppe mit Frittaten (V), S. 19

Suppe, Frühlings-, mit Waldmeister & Wachtelei (V), S. 39

Suppe, Kartoffel-Lauch-, mit Salatherzen (V), S. 41

Suppe, Spargel-, mit gebratenem Spargel & Parmesantalern (V), S. 16

Süßweinschaum mit Trauben (N), S. 147

T

Tarte, Schokoladen- (N), S. 165

Tarte, Zwiebel-, mit Sturm (H), S. 114

Tartelettes, Zitronen-, unter der Haube (N), S. 169

Thunfischtatar mit Sake & Knusper (V), S. 36

Tiramisu, Passionsfrucht- (N), S. 139

Toast, French, à la Elsa (G), S. 177

V

Violet et Moi. Veilchenchampagner (D), S. 204

W

Wachteln mit Brioche-Kartoffel-Gratin & Kirschkompott (H), S. 74

Walderdbeerencreme (N), S. 159

Waldheidelbeer-Streuselkuchen (N), S. 135

Waldmeistergrütze, mit molliger Vanillesauce (N), S. 122

Weiße Bohnen mit Blutwurst und Majoran (V), S. 47

Wurst, sauer (V), S. 27

Z

Zitronen, gefüllt, mit Rosmarin & Muskat (N), S. 125

Zitronentaler (N), S. 125

Zitronentartelettes unter der Haube (N), S. 169

Zucchinisalat (V), S. 52

Zwiebeltarte mit Sturm (H), S. 114

DANK

Ich bin dankbar, in einer der schönsten Städte der Welt zu leben, in absolutem Frieden und größtmöglicher Freiheit. Ich habe das Glück, alles sagen, denken und fast alles tun zu können, was mir gefällt. Und außerdem liebe ich meine Arbeit, die für mich identisch ist mit meinem Leben. Das alles macht mich zu einem privilegierten und sehr glücklichen Menschen. Und weil ich weiß, dass dieses Glück gerade in Zeiten wie diesen und vor allem nicht für alle Menschen selbstverständlich ist, hoffe ich, dass wir gemeinsam mit viel Weitsicht, Mitgefühl, Großzügigkeit, Klugheit und sehr viel Liebe dieses Glück erhalten, wo es herrscht, und dort befördern, wo es unseren Mitmenschen weniger gut geht.

Und ich danke natürlich allen Menschen, die mit mir gemeinsam dieses Buch gemacht haben. Wie ich ja schon sagte, ich bin ein glücklicher Mensch, so leben und so arbeiten zu dürfen. Danke euch allen!

Vielen Dank an Claudia Steyrer von MERKUR für die großzügige Unterstützung mit einem Warengutschein.

Ganz besonders möchte ich mich aber bei Lobmeyr Wien bedanken. Ich bin dort außergewöhnlich großzügig und entgegenkommend mit wunderschönem Geschirr unterstützt worden (u.a. auf den Seiten 24, 39, 63, 78, 81, 84, 113, 123, 124, 138, 143, 152, 162, 179, 181, 188, 191, 201 und 205 zu sehen).

TEAM

ESCHI FIEGE — Text, Rezepte & Foodstyling

In Wien 1960 geboren, studiert in Hamburg Kunst, tourt mit einer Performance-Gruppe durch die Welt, geht in die Werbung, macht Filme und Kunst und Drinks in einer Bar, findet auf diesen verschlungenen Wegen zum Kochen. Am Herd ist sie seither glücklich. Sie lebt, schreibt und kocht in Wien, Hamburg und manchmal auch in London.

www.lovekitchen.at

VANESSA MAAS — Fotografie

Geb. 1969 in Hamburg. Nach Stationen als Journalistin und Pressesprecherin einer Schallplattenfirma fotografiert sie international im Bereich Porträt, Beauty und Fashion. Ihre Liebe zu Österreich und zu gutem Essen brachte sie inzwischen auch zur Food-Fotografie. „Lovekitchen" ist bereits das dritte Kochbuch, das sie für den Brandstätter Verlag fotografierte. Und dies mit viel Liebe.

www.vanessamaas.com

MIRIAM STROBACH — Grafische Gestaltung

Geb. 1982 in Bayern, aufgewachsen in Hessen und Kärnten, lebt in Wien, hat in Graz Informationsdesign studiert und in Paris die Liebe zur Kulinarik entdeckt. Als Mitbegründerin von Le Foodink konzipiert und gestaltet sie Projekte im Bereich Essen und Trinken.

www.lefoodink.com

INGE FASAN — Lektorat

Geb. 1967, aufgewachsen in Niederösterreich. Hat in Wien Germanistik und Kunstgeschichte studiert und lebt auch dort. Nach Zwischenstationen am Theater arbeitet sie als Lektorin und Autorin, u.a. mit Kulinarik-Schwerpunkt. Liebt Humor in Kochbüchern und Rhythmus in Rezepten.

IMPRESSUM

Bibliografische Information der Deutschen Nationalbibliothek
Die Deutsche Nationalbibliothek verzeichnet diese Publikation in
der Deutschen Nationalbibliografie; detaillierte bibliografische
Daten sind im Internet über http://dnb.d-nb.de abrufbar.

1. Auflage

TEXT, REZEPTE & FOODSTYLING: Eschi Fiege
FOTOGRAFIE: Vanessa Maas
STYLING: Eschi Fiege und Vanessa Maas
BILDBEARBEITUNG: Janine Hahn
GRAFIK & ART DIREKTION: Miriam Strobach, Le Foodink
GRAFIK-ASSISTENZ: Martina Kogler, Le Foodink
LEKTORAT: Inge Fasan
PROJEKTLEITUNG BRANDSTÄTTER VERLAG: Elisabeth Stein
PAPIER: Profibulk 150 g

Copyright © 2016 by Christian Brandstätter Verlag, Wien

Alle Rechte, auch die des auszugsweisen Abdrucks oder der Reproduktion einer Abbildung,
sind vorbehalten. Das Werk einschließlich aller seiner Teile ist urheberrechtlich geschützt.
Jede Verwertung ohne Zustimmung des Verlages ist unzulässig. Dies gilt insbesondere für
Vervielfältigungen, Übersetzungen, Mikroverfilmungen und die Einspeicherung
und Verarbeitung in elektronischen Systemen.

ISBN 978-3-85033-986-5

Christian Brandstätter Verlag
GmbH & Co KG
A-1080 Wien, Wickenburggasse 26
Telefon (+43-1) 512 15 43-0
Telefax (+43-1) 512 15 43-231
E-Mail: info@brandstaetterverlag.com
www.brandstaetterverlag.com

Designed in Austria, printed in the EU